前言

《资治通鉴》是中国历史上规模最大、成就最高的编年体通史，由北宋政治家、史学家司马光等历时19年编纂而成。

全书上起周威烈王二十三年（前403），下至五代后周显德六年（959），共跨越1362年的历史。本书编写结构上以年月为经、史实为纬，依年代顺序通贯叙述史实，用追叙和终言总结的手法说明史实的前因后果，使人得到系统而明晰的印象；内容以政治、军事和民族关系为主，兼及经济、文化和对历史人物的评价；文字简明流畅，朴质精炼，具有相当高的文学价值。

书名“资治通鉴”目的在于供封建统治者从历史兴亡中取得鉴戒，故《资治通鉴》成书以来，被奉为金科玉律，历代帝王将相、文人骚客、各界要人，乃至普通百姓争读不已，点评批注者更是不胜枚举。今天，它依然对人们有着很大的指导意义，是经商管理、为官从政者案头必备之典籍。

目录

资治通鉴

全民阅读书架【双色版】

[北宋]司马光◎著
冯慧娟◎编

辽宁美术出版社

图书在版编目（CIP）数据

资治通鉴 /（北宋）司马光著 ；冯慧娟编．— 沈阳：辽宁美术出版社，2017.12（2023.2重印）
（全民阅读书架）
ISBN 978-7-5314-7862-1

Ⅰ．①资… Ⅱ．①司… ②冯… Ⅲ．①中国历史—古代史—编年体 Ⅳ．①K204.3

中国版本图书馆 CIP 数据核字（2017）第 310824 号

出 版 社：辽宁美术出版社
地　　址：沈阳市和平区民族北街 29 号　邮编：110001
发 行 者：辽宁美术出版社
印 刷 者：北京一鑫印务有限责任公司
开　　本：650mm×950mm　1/16
印　　张：10
字　　数：100 千字
出版时间：2017 年 12 月第 1 版
印刷时间：2023 年 2 月第 7 次印刷
责任编辑：申虹霓
装帧设计：新华智品
责任校对：郝　刚
ISBN 978-7-5314-7862-1

定　　价：29.80 元

邮购部电话：024-83833008
E-mail ： lnmscbs@163.com
http ： //www.lnmscbs.com
图书如有印装质量问题请与出版部联系调换
出版部电话：024-23835227

目录

目录

战国争雄

三国分晋（卷一◎周纪一）

【原文】

威烈王二十三年（戊寅，公元前403年）

初命晋大夫魏斯、赵籍、韩虔为诸侯。

司马光

臣光曰：臣闻天子之职莫大于礼，礼莫大于分，分莫大于名。何谓礼？纪纲是也。何谓分？君臣是也。何谓名？公、侯、卿、大夫是也。

夫以四海之广，兆民之众，受制于一人，虽有绝伦之力，高世之智，莫不奔走而服役者，岂非以礼为之纲纪哉！是故天子统三公，三公率诸侯，诸侯制卿大夫，卿大夫治士庶人。贵以临贱，贱以承贵。上之使下，犹心腹之运手足，根本之制支叶；下之事上，犹手足之卫心腹，支叶之庇本根。然后能上下相保而国家治安。故曰：天子之职莫大于礼也。

【译文】

威烈王二十三年（戊寅，公元前403年）

周威烈王姬午正式分封晋国大夫魏斯、赵籍、韩虔为诸侯国君。

群雄争霸的战国时代

臣司马光说：我知道天子的职责中最重要的是维护礼教，礼教中最重要的是区分地位，区分地位中最重要的是匡正名分。什么是礼教？就是法纪。什么是区分地位？就是君臣有别。什么是名分？就是公、侯、卿、大夫等官爵。

四海之广，亿民之众，都受制于天子一人，尽管是才能超群、智慧绝伦的人，也不敢不在天子足下为他奔走服务，这难道不是以礼作为礼纪朝纲的作用吗！所以，天子统率三公，三公督率诸侯国君，诸侯国君节制卿、大夫官员，卿、大夫官员又统治士人百姓。权贵支配贱民，贱民服从权贵。上层指挥下层，就好像人的心腹控制四肢行动，树木的根和干支配枝和叶；下层服侍上层，就好像人的四肢卫护心腹，树木的枝和叶遮护根和干。这样才能上下层互相保护，从而使国家得到长治久安。所以说，天子的职责没有比维护礼制更重要的了。

鸡鸣狗盗（卷三◎周纪三）

【原文】

周赧王十七年（癸亥，公元前298年）

或谓秦王曰：“孟尝君相秦，必先齐而后秦。秦其危哉！”秦王乃以 楼缓为相，囚孟尝君，欲杀之。孟尝君使人求解于秦王幸姬，姬曰：“愿得君狐白裘。”孟尝君有狐白裘，已献之秦王，无以应姬求。客有善为狗盗者，入秦藏中，盗狐白裘以献姬。姬乃为之言于王而遣之。王后悔，使追之。孟尝君至关。关法：鸡鸣而出客。时尚蚤，追者将至。客有善为鸡鸣者，野鸡闻之皆鸣。孟尝君乃得脱归。

孟尝君

【译文】

周赧王十七年（癸亥，公元前298年）

有人劝告秦王：“孟尝君做秦国丞相，一定会先照顾齐国而后才考虑秦国，秦国实在危险！”秦王于是任楼缓为丞相，囚禁了孟尝君，想杀掉他。孟尝君派人向秦王宠爱的姬妾求救，姬妾说：“我希望得到你那件白狐皮袍。”孟尝君有件白狐皮袍，但已经献给了秦王，无法满足姬妾的要求。他的幕僚中有个人善于盗窃，便潜入秦宫中的藏库，盗出白狐皮袍送给那个姬妾。姬妾于是替孟尝君说情让秦王释放他。孟尝君走后，秦王觉得懊悔，就派人去追。孟尝君逃到边关。按照守关制度，要等鸡叫才能放行过客，而这时天色还早，追赶的人即将赶到。幸亏孟尝君幕僚中有人善学鸡叫，四野的鸡一听他的叫声都引颈长鸣，孟尝君才得以出关脱身。

孟尝君偷过函谷关

渑池之会（卷四◎周纪四）

【原文】

周赧王中三十六年（壬午，公元前279年）

手持和氏璧的蔺相如

秦王使使者告赵王，愿为好会于河外渑池。赵王欲毋行，廉颇、蔺相如计曰：“王不行，示赵弱且怯也。”赵王遂行，相如从。廉颇送至境，与王诀曰：“王行，度道里会遇之礼毕，还，不过三十日。三十日不还，则请立太子，以绝秦望。”王许之。

会于渑池。王与赵王饮，酒酣，秦王请赵王鼓瑟，赵王鼓之。蔺相如复请秦王击缶，秦王不肯。相如曰：“五步之内，臣请得以颈血溅大王矣！”左右欲刃相如，相如张目叱之，左右皆靡。王不怿，为一击缶。罢酒，秦终不能有加于赵；赵人亦盛为之备，秦不敢动。赵王归国，以蔺相如为上卿，位在廉颇之右。

【译文】

周赧王中三十六年（壬午，公元前279年）

秦王派使者告诉赵王，希望彼此和好，愿意在黄河外渑池盟会。赵王不想去，廉颇、蔺相如建议说："如果君王不去，便显示出赵国势弱胆小。"于是赵王前往渑池，由蔺相如随从。廉颇送行到边境，和赵王道别说："君王此去，预计路程至盟会完毕，不会超过三十天；如果三十天不回来，请准许立太子为王，以断绝秦国挟持威胁的念

渑池之会 蔺相如在渑池会晤时不畏强秦，机智勇敢，强迫秦王击缶，维护了赵王的尊严，宣扬了"君辱臣死"的忠君思想。

头。”赵王答应了。

双方在渑池会面。秦王和赵王饮酒，饮到酣畅之时，秦王请赵王鼓瑟，赵王依言鼓瑟。蔺相如也请秦王击缶，秦王不肯。相如说：“在五步之内，我可以用颈中的血溅在你身上！”秦王左右的近臣想杀蔺相如，相如瞪眼呵斥，他们都吓得萎缩不前。秦王只好不高兴地击了一下缶。直到饮酒完毕，秦国始终无法占赵国的便宜。赵人事先也大加防备，使秦国不敢轻举妄动。赵王回国后，任蔺相如为上卿，地位在廉颇之上。

奇货可居（卷五◎周纪五）

【原文】

周赧王下五十八年（甲辰，公元前257年）

秦太子之妃曰华阳夫人，无子；夏姬生子异人，异人质于赵……

阳翟大贾吕不韦适邯郸，见之，曰：“此奇货可居！”乃往见异人，说曰：“吾能大子之门。”异人笑曰：“且自大君之门！”不韦曰：“子不知也，吾门待子门而大。”异人心知所谓，乃引与坐，深语……异人曰：“必如君策，请得分秦国与君共之。”不韦乃以五百金与异人，令结宾客。复以五百金买奇物玩好，自奉而西。见华阳夫人之姊，而以奇物献于夫人，因誉子异人之贤，宾客遍天下，常日夜泣思太子及夫人，曰：“异人也以夫人为天！”夫人大喜。不韦因使其姊说

吕不韦

夫人曰：“夫以色事人者，色衰则爱弛。今夫人爱而无子，不以繁华时蚤自结于诸子中贤孝者，举以为适，即色衰爱弛，虽欲开一言，尚可得乎！今子异人贤，而自知中子不得为适，夫人诚以此时拔之，是子异人无国而有国，夫人无子而有子也，则终身有宠于秦矣。”夫人以为然，承间言于太子曰：“子异人绝贤，来往者皆称誉之。”因泣曰：“妾不幸无子，愿得子异人立以为子，以托妾身！”太子许之，与夫人刻玉符，约以为嗣，因厚馈遗异人，而请吕不韦傅之。异人名誉盛于诸侯。

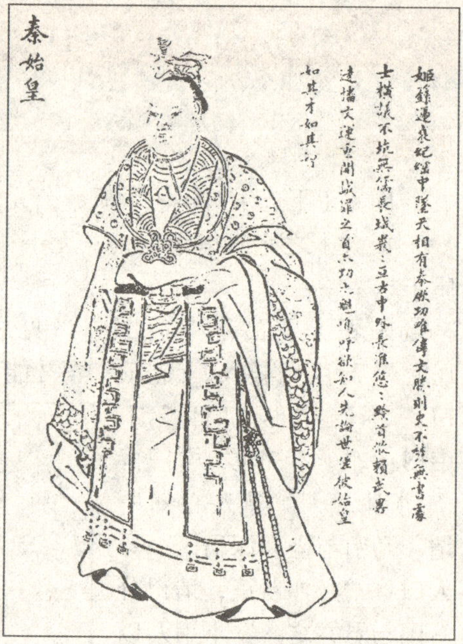

秦王嬴政

吕不韦娶邯郸诸姬绝美者与居，知其有娠。异人从不韦饮，见而请之。不韦佯怒，既而献之。孕期年而生子政，异人遂以为夫人。邯郸之围，赵人欲杀之，异人与不韦行金六百斤予守者，脱亡赴秦军，遂得归。异人楚服而见华阳夫人，夫人曰："吾楚人也，当自子之。"因更其名曰楚。

【译文】

周赧王下五十八年（甲辰，公元前257年）

秦太子的妃子叫做华阳夫人，没有生子；夏姬生了一个儿子名异人，异人在赵国做人质……

阳翟有个大商人吕不韦到邯郸，看到这种情形，说："这是珍奇之货，可以囤积牟利！"就去拜见异人，游说他道："我能光大你的门庭。"异人笑着说："还是光大你自己的门庭吧！"吕不韦说："你有所不知，我的门庭必须依赖你来光大。"异人心中知其所说，就引他坐下，深入交谈……异人说："如果能实现你说的计划，我愿意与你共享秦国。"吕不韦于是拿出五百金给异人，让他结交宾客。又用五百金购买奇宝珍玩，自己携带着西行到秦国。他见到华阳夫人的姐姐，通过她把珍宝献给华阳夫人，趁机称赞异人贤明，宾客遍天下，常常日夜哭着思念太子和华阳夫人，说："异人把夫人当做自己的上天！"华阳夫人听了大喜。吕不韦又通过她姐姐劝说华阳夫人："靠容貌侍奉别人，年老色衰则宠爱松弛。现在夫人虽受到宠爱，却没有儿子，不趁着年华正盛，自己早些在大王的儿子中选一个贤良孝顺的，推举他为嫡子，等到色衰就迟了，到时候即便想说一句话，还有可能吗？现在异人贤明，又知道自己排行居中，做不了嫡子，夫人真能在这时候提拔他，异人就从无国变成了有国，夫人也从无子变成了有子，便会终身在秦国得到宠幸。”华阳夫人认为说得很对，抓住机会便对太子说：“儿子异人绝顶贤明，来来往往的人都称誉他。”又哭道：“我不幸没有生儿子，想把异人立为儿子，使自己有个依靠！”太子答应了，给华阳夫人刻下玉符，约定以异人为继承人，因而送给异人丰厚的财物，并请吕不韦辅佐他。异人的名望声誉从此在各国盛传。

吕不韦娶了一位邯郸美女中最美的女子，与他同居，知道她已怀孕。一次，异人与吕不韦饮酒，见到了这位女子，便向吕不韦索求。吕不韦假装动怒，不久又将她献给异人。这位女子怀孕一年后生下儿子，取名嬴政，异人便把她立为正室夫人。邯郸被秦兵围困时，赵国人想杀死异人，异人与吕不韦用六百金送给看守，脱身逃到秦军中，得以回到秦国。异人身穿楚国服装去见华阳夫人，夫人说：“我是楚人啊！我把你当做亲生儿子。”于是把他的名字改为楚。

一统天下

韩非使秦（卷六◎秦纪一）

【原文】

秦始皇帝十四年（戊辰，公元前233年）

韩王纳地效玺，请为藩臣，使韩非来聘。韩非者，韩之诸公子也，善刑名法术之学，见韩之削弱，数以书干韩王，王不能用。于是韩非疾治国不务求人任贤，反举浮淫之蠹而加之功实之上。宽，则宠名誉之人；急，则用介胄之士。所养非所用，所用非所养。悲廉直不容于邪枉之臣，观往者得失之变，作《孤愤》《五蠹》《内储》《外储》《说林》《说难》五十六篇，十馀万言。

王闻其贤，欲见之。非为韩使于秦，因上书说王曰："今秦地方数千里，师名百万，号令赏罚，天下不如。臣昧死愿望见大王，言所以破天下从之计。大王诚听臣说，一举而天下之从不破，赵不举，韩不亡，荆、魏不臣，齐、燕不亲，霸王之名不成，四邻诸侯不朝，大王斩臣以徇国，以戒为王谋不忠者也。"王悦之，未任用。李斯嫉之，曰："韩非，韩之诸公子也。今欲并诸侯，非终为韩不为秦，此人情也。今王不用，久留而归之，此自遗患也；不如以法诛之。"王以为然，下吏治非。李斯使人遗非药，令早自杀。韩非欲自陈，不得见。王后悔，使人赦之，非已死矣。

【译文】

吴起

秦始皇帝十四年（戊辰，公元前233年）

韩王献上领土及玉玺，自请为秦国藩臣，派韩非来觐见。韩非是韩国公子，擅长刑名法术之学，见韩国削弱，数次上书建议韩王，韩王都不采用。于是韩非憎恶韩国治国不能求人才、任贤人，反而举用虚浮乱淫的蠹虫，把他们安置在与实际功劳不相称的高位上。政治平顺时，则宠信巧言善辩的人；国家危急时，就举用作战勇士。平时培养的不是战时举用的，战时举用的并非平日培养的。又悲伤廉洁正直的大臣为邪恶小人所不容，于是观察以往历史上得失成败的事迹，撰写了《孤愤》《五蠹》《内储》《外储》《说林》《说难》等五十六篇文章，共有十余万字。

秦王听到他的贤名，想见他。正好韩非做韩国使者，出使秦国，于是上书游说秦王道："现在秦国有数千里土地，百万军队，发号施令，奖赏处罚，天下没有能比得上的。我冒死请见大王，来谈谈如何破除各国合纵的计策。大王如果真能听从微臣的话，大兵一出，而天下合纵却无

商鞅方升

法攻破，赵国无法攻下，韩国不灭亡，荆、魏二国不臣服，齐、燕二国不亲附，霸王之名无法功成，四邻的诸侯不来朝见，大王可斩我殉国，来警戒那些不能忠心为君谋划的人。”秦王很欣赏他，但未能任用。李斯因为嫉妒他，便向秦王说：“韩非是韩国的公子。现在要兼并各国，韩非终究会为韩国而不为秦国打算，这是人之常情。现在君王不任用他，久留之后再遣送他回国，是自遗后患。不如想个法子杀掉他。”秦王认为有理，将韩非下狱治罪。李斯派人送药给韩非，叫他早点自杀。韩非想自己去解释明白，却无法见到秦王。后来秦王后悔，派人赦免他的时候，韩非已经死去了。

荆轲刺秦（卷七◎秦纪二）

【原文】

秦始皇帝二十年（甲戌，公元前227年）

荆轲至咸阳，因王宠臣蒙嘉卑辞以求见；王大喜，朝服，设九宾而见之。荆轲奉图以进于王，图穷而匕首见，因把王袖而揕之。未至身，王惊起，袖绝。荆轲逐王，王环柱而走。群臣皆愕，卒起不意，尽失其度。而秦法，群臣侍殿上者不得操尺寸之兵，左右以手共搏之，且曰："王负剑！"负剑，王遂拔以击荆轲，断其左股。荆轲废，乃引匕首擿王，中铜柱。自知事不就，骂曰："事所以不成者，以欲生劫之，必得约契以报太子也！"遂体解荆轲以徇。王于是大怒，益发兵诣赵，就王翦以伐燕，与燕师、代师战于易水之西，大破之。

图穷匕见

【译文】

秦始皇帝二十年（甲戌，公元前227年）

荆轲抵达秦国都城咸阳，通过秦王嬴政的宠臣蒙嘉，以谦卑的言词求见秦王，秦王嬴政大喜，穿上君臣朝会时的礼服，召集百官安排九宾大礼迎见荆轲。荆轲手捧地图进献给秦王，图卷全部展开，匕首出现，荆轲乘势抓住秦王的袍袖，举起匕首刺向他的胸膛。但是未等荆轲近身，秦王嬴政已惊恐地一跃而起，挣断了袍袖。荆轲随即追逐秦王，秦王绕着柱子奔跑。群臣都吓呆了，事发仓促，君臣全部都失去了常态。秦国法律规定，在殿上侍奉的臣仆不得携带任何武器，因此大家只好一起徒手上前扑打荆轲，并喊道："大王，把剑推上背！"秦王嬴政将剑推到背上，这才拔出剑来回击荆轲，砍断了他的左大腿。荆轲残废了，无法再追，便把匕首向秦王投掷过去，但却击中了铜柱。荆轲知道行刺之事已无法完成，就大骂道："此事之所以不能成功，是想让你活着被劫持，我一定要得到归还所兼并的土地的契约来回报燕太子啊！"于是，荆轲被分尸示众。秦王为此勃然大怒，增派军队到赵国，随王翦的大军攻打燕。秦军在易水以西与燕军和代王的军队会战，大败燕、代两军。

初并天下（卷七◎秦纪二）

【原文】

秦始皇帝下二十六年（庚辰，公元前221年）

王贲自燕南攻齐，猝入临淄，民莫敢格者。秦使人诱齐王，约封以五百里之地，齐王遂降。秦迁之共，处之松柏之间，饿而死。齐人怨王建不早与诸侯合从，听奸人宾客以亡其国，歌之曰：“松耶，柏耶，住建共者客耶！”疾建用客之不详也。

……

王初并天下，自以为德兼三皇，功过五帝，乃更号曰“皇帝”，命为“制”，令为“诏”，自称曰“朕”。追尊庄襄王为太上皇。制曰：“死而以行为谥，则是子议父，臣议君也，甚无谓。自今以来，除谥法。朕为始皇帝，后世以计数，二世、三世至于万世，传之无穷。”

初，齐威、宣之时，邹衍论著终始五德之运；及始皇并天下，齐人奏之。始皇采用其说，以为周得火德，秦代周，从所不胜，为水德。始改年，朝贺皆自十月朔；衣服、旌旄、节旗皆尚黑；数以六为纪。

【译文】

秦始皇帝下二十六年（庚辰，公元前221年）

秦将王贲率军从燕国向南进攻齐国，突然攻入都城临淄，齐国国民中没有敢于抵抗的。秦国派人诱降齐王，约定封给他五百里的土地，齐王便投降了。但是秦国却将他迁移到共城，安置在松柏之间，最终被饿死。齐国人埋怨国君田建不及早参与诸侯国的合纵联盟，却听信奸佞、宾客的意见，致使国家灭亡，为此编了一首歌谣说："松树啊，柏树啊，使田建住在共地饿死的，是宾客啊！"恨田建任用宾客不审慎考察。

……

秦国嬴政刚刚兼并六国，统一天下，自认为兼备了三皇的德行，功业超过了五帝，于是便改称号为"皇帝"，皇帝出命称"制"，下令称"诏"，皇帝自称为"朕"。追尊父亲庄襄王为太上皇。并颁布制书说："君王死后依据他生前的行为确定谥号，这是儿子议论父亲，臣子议论君王，实在不应该。从今以后，废除为帝王上谥号的制度。朕为始皇帝，后继者以序数计算，称为二世皇帝、三世皇帝，以至万世，无穷尽地传下去。"

当初，齐威王、齐宣王的时候，邹衍创立了金、木、水、火、土周而复始的"五德相运"学说；到了始皇帝合并天下时，齐国人将此说奏报给他。始皇采纳了这套学说，认为周朝是火德，秦取代周，从火不能胜水来推算，秦应是水德。于是开始更改岁历，新年朝见皇帝与庆贺典礼都从十月初一开始；衣服、旗帜、符节等都崇尚黑色；计数以六为一个单位。

【原文】

分天下为三十六郡，郡置守、尉、监。

收天下兵聚咸阳，销以为钟鐻、金人十二，重各千石，置宫廷中。一法度、衡、石、丈尺。徙天下豪杰于咸阳十二万户。

诸庙及章台、上林皆在渭南。每破诸侯，写放其宫室，作之咸阳北阪上，南临渭，自雍门以东至泾、渭，殿屋、复道、周阁相属，所得诸侯美人、钟鼓以充入之。

【译文】

始皇帝于是下令把全国划分为三十六个郡，每郡设置郡守、郡尉、监御史。

又下令收缴全国民间所藏的兵器，运送汇集到咸阳，熔毁后铸成大钟和钟架，以及十二个铜人，各重千石，放置在宫廷中。并统一法制和度量衡。还将各地富豪十二万户迁徙到咸阳。

秦王朝各位先祖的祭庙和章台宫、上林苑都在渭水南岸。秦国每征服一个国家，就派人摹画、仿照该国的宫室，在咸阳城北的山坡上同样建造一座。如此南临渭水，自雍门向东至泾水、渭水相交处，宫殿屋宇、天桥、楼阁相连接，所获得的各国美女、钟鼓等乐器都安置在里边。

斩蛇起义（卷七◎秦纪二）

【原文】

二世皇帝上元年（壬辰，公元前209年）

刘邦，字季，为人隆准、龙颜，左股有七十二黑子。爱人喜施，意豁如也。常有大度，不事家人生产作业。初为泗上亭长，单父人吕公，好相人，见季状貌，奇之，以女妻之。

既而季以亭长为县送徒骊山，徒多道亡。自度比至皆亡之，到丰西泽中亭，止饮，夜，乃解纵所送徒曰："公等皆去，吾亦从此逝矣！"徒中壮士愿从者十馀人。

刘季被酒，夜径泽中，有大蛇当径，季拔剑斩蛇。有老妪哭曰："吾子，白帝子也，化为蛇，当道。今赤帝子杀之！"因忽不见。刘季亡匿于芒、砀山泽岩石之间，数有奇怪；沛中子弟闻之，多欲附者。

及陈涉起，沛令欲以沛应之。掾、主吏萧何、曹参曰："君为秦吏，今欲背之，率沛子弟，恐不听。愿君召诸亡在外者，可得数百人，因劫众，众不敢不听。"乃令樊哙召刘季。刘季之众已数十百人矣。沛令后悔，恐其有变，乃闭城城守，欲诛萧、曹。萧、曹恐，逾城保刘季。刘季乃书帛射城上，遗沛父老，为陈利害。父老乃率子弟共杀沛令，开门迎刘季，立以为沛公。萧、曹等为收沛子弟，得二三千人，以应诸侯。

【译文】

二世皇帝上元年（壬辰，公元前209年）

刘邦，字季，高鼻梁，眉骨凸起如龙额，左大腿上有七十二颗黑痣。对人友爱宽厚，喜欢施舍财物，心胸开阔。素来有远大的志向，不安于从事平民百姓的日常耕作。起初，刘邦担任泗水亭长，单父县人吕公，喜爱给人相面，看见刘邦的形状容貌，认为很不寻常，便将女儿嫁给了他。

不久，刘邦以亭长身份奉命遣送夫役到骊山去，途中许多夫役逃亡。刘邦据此推测待到骊山时人已经都跑光了，便在行至丰乡西面的泽中亭时停下来休息饮酒，到了晚上，就释放所送的夫役们说："你们都走吧，我也从此逃命去了！"夫役中年轻力壮的汉子愿意跟随他的有十余人。

陈胜、吴广起义

刘邦喝醉了，夜间从小道走进湖沼地，遇到一条大蛇挡在道上，他随即拔剑斩杀了大蛇。一位老妇哭着说：“我的儿子是白帝的儿子啊，化为蛇，挡在小道上，而今却被赤帝的儿子杀了！”说罢就忽然不见了踪影。刘邦随后逃亡，隐藏在芒、砀的山泽中，这山泽间于是常常出现怪异现象。沛县中的年轻人闻讯后，大都想要去归附他。

及至陈胜起兵，沛县县令打算举城响应，主吏萧何、狱掾曹参说：“您身为秦朝官吏，现在想要背叛朝廷，以此率领沛县的青年，恐怕他们不会听从您的号令。望您把那些逃亡在外的人召集起来，可得数百人，借此威胁大众，众人便不敢不服从了。”县令于是便命樊哙去召刘邦来见，这时刘邦的部众已有百十来人了。县令事后很懊悔，担心召刘邦等人来会发生什么变故，就下令关闭城门，防守城池，并要诛杀萧何、曹参。萧、曹二人大为惊恐，翻过城去投奔刘邦以求自保。刘邦便在绸绢上草就一书，用箭射到城上，送给沛县的父老，陈说利害关系。父老们便率领年轻一辈一起杀掉了县令，敞开城门迎接刘邦，拥立他为沛公。萧何、曹参为刘邦召集沛县青年，得两三千人，以此响应诸侯抗秦。

楚汉相争

约法三章（卷九◎汉纪一）

【原文】

汉高祖元年（乙未，公元前206年）

冬，十月，沛公至霸上。秦王子婴素车、白马，系颈以组，封皇帝玺、符、节，降轵道旁。诸将或言诛秦王。沛公曰：“始怀王遣我，固以能宽容。且人已降，杀之不祥。”乃以属吏。

……

沛公西入咸阳，诸将皆争走金帛财物之府分之。萧何独先入收秦丞相府图籍藏之，以此沛公得具知天下阨塞、户口多少、强弱之处。沛公见秦宫室、帷帐、狗马、重宝、妇女以千数，意欲留居之。樊哙谏曰：“沛公欲有天下耶，将为富家翁耶？凡此奢丽之物，皆秦所以亡也，沛公何用焉！愿急还霸上，无留宫中！”沛公不听。张良曰：“秦为无道，故沛公得至此。夫为天下除残贼，宜缟素为资。今始入秦，即安其乐，此所谓‘助桀所虐’。且忠言逆耳利于行，毒药苦口利于病，愿沛公听樊哙言！”沛公乃还军霸上。

十一月，沛公悉召诸县父老、豪杰，谓曰：“父老苦秦苛法久矣！吾与诸侯约，先入关者王之；吾当王关中。与父老约，法三章耳：杀人者死，伤人及盗抵罪。馀悉除去秦法，诸吏民皆案堵如故。凡吾所以来，为父老除害，非有所侵暴，无恐！且吾所以还军霸上，待诸侯至而定约束耳。”乃使人与秦吏行县、乡、邑，告谕之。秦民大喜，争持牛、羊、酒食献飨军士。沛公又让不受，曰：“仓粟多，非乏，不欲费民。”民又益喜，唯恐沛公不为秦王。

【译文】

汉高祖元年（乙未，公元前206年）

冬季，十月，沛公刘邦率军抵达霸上。秦王子婴乘着白色的车子，驾着白马，颈上系着绳子，手捧封好的皇帝玉玺和符节，伏在轵道亭旁向刘邦投降。众将领中有人主张杀掉秦王，刘邦说：“当初怀王之所以派我前来，原本就因为我能宽容他人。何况人家已经降服了，还要杀人家，这样做是不吉利的。”于是便将秦王子婴交给属下监管起来。

刘邦领兵向西进入咸阳，众将领都争先恐后到秦朝贮藏金帛财物的府库瓜分财宝。唯独萧何先入宫去取了秦朝丞相府的地理图册、文书、户籍簿等档案收藏起来，刘邦因此而全面了解了天下的山川要塞、户口的多少及财力物力强弱的分布。刘邦看到秦王朝的宫室、帷帐、各

樊哙

种狗马、贵重宝器和宫女数以千计，便想留下来在皇宫中居住。樊哙劝谏说：“您是想拥有天下，还是只想做一个富翁呢？这些奢侈华丽之物，都是招致秦朝覆灭的东西，您要它们有什么用呀！望您尽快返回霸上，不要滞留在宫里！”刘邦不听。张良说：“秦朝因为不施行仁政，所以您才能够来到这里。而为天下人铲除残民之贼，应如同丧服在身，把抚慰人民作为根本。现在刚刚进入秦的都城，就要安享其乐，这便是人们所说的‘助桀为虐’了。况且忠言逆耳利于行，良药苦口利于病，希望您能听取樊哙的劝告！”刘邦于是率军返回霸上。

十一月，刘邦将各县的父老和有声望的人全都召集起来，对他们说：“父老们遭受秦朝严刑苛法的苦累已经很久了！我与各路诸侯约定，先入关中的人为王，据此我就应该在关中称王了。如今与父老们约法三章：杀人者处死，伤人者和抢劫者都要受处罚。除此之外，秦朝的法律统统废除，官吏和百姓都安定不动。我之所以到这里来，是为了替父老们除害，而不是来欺凌你们的，请你们不必害怕！况且我所以领兵回驻霸上，不过是为了等各路诸侯来到后订立一个约束规章罢了。”随即派人和秦朝的官吏一起巡行各县、乡、邑，向人们讲明道理。秦地的百姓都欢喜异常，争相拿着牛、羊、酒来慰问款待刘邦的官兵。刘邦又辞让不肯接受，说道：“仓库中的粮食还很多，并不缺乏，不想让百姓们破费。”百姓们于是更加高兴，唯恐刘邦不在秦地称王。

项庄舞剑（卷九◎汉纪一）

【原文】

汉高祖元年（乙未，公元前206年）

项羽既定河北，率诸侯兵欲西入关。先是，诸侯吏卒、繇使、屯戍过秦中者，秦中吏卒遇之多无状。及章邯以秦军降诸侯，诸侯吏卒乘胜多奴虏使之，轻折辱秦吏卒。秦吏卒多怨，窃言曰："章将军等诈吾属降诸侯。今能入关破秦，大善；即不能，诸侯虏吾属而东，秦又尽诛吾父母妻子，奈何？"诸将微闻其计，以告项羽。项羽召黥布、蒲将军计曰："秦吏卒尚众，其心不服；至关不听，事必危。不如击杀之，而独与章邯、长史欣、都尉翳入秦。"于是楚军夜击坑秦卒二十余万人新安城南。

或说沛公曰："秦富十倍天下，地形强。闻项羽号章邯为雍王，王关中，今则来，沛公恐不得有此。可急使兵守函谷关，无内诸侯军；稍征关中兵以自益，距之。"沛公然其计，从之。

【译文】

汉高祖元年（乙未，公元前206年）

项羽已经平定了黄河以北的地区，就想率领各路诸侯军向西进入关中。在此之前，诸侯军中的官兵有的曾因服徭役或屯戍到关中，秦地的官兵多无礼地对待他们。等到章邯率秦军投降了诸侯军后，诸侯军的官兵便凭借胜势，把秦军官兵多当作奴隶和俘虏来使唤，随便侮辱秦军官兵。秦军官兵大多因此而生出怨恨的情绪，暗地里议论说："章将军等人骗咱们投降诸侯军。如今若能攻入关中消灭秦朝，当是大好事；倘若不能，诸侯军将咱们掠持到东方去，而秦朝又杀尽咱们的父母妻子儿女，那可怎么办啊？"诸侯军的将领们暗中查听到了这些议论，便报告给项羽。项羽于是召集黥布、蒲将军商量说："目前军中秦朝的官兵还很多，他们内心并不顺服，如果到了函谷关不听从调遣，情势必会危急。所以不如将他们除掉，而只和章邯、长史司马欣、都尉董翳等进入秦地。"楚军便于夜晚在新安城南面袭击活埋了秦兵二十余万人。

有人劝说刘邦道："关中地区比天下其他地方要富足十倍，而且地势险要。听说项羽封章邯为雍王，让他在关中称王，现在如果他来了，您恐怕就不能占据这个地方了。您可以火速派兵把守函谷关，不让诸侯军进来，并逐步征召关中之兵，以此增加自己的实力，抵御他们。"刘邦认为此计可行，就照着办了。

【原文】

楚左尹项伯者，项羽季父也，素善张良，乃夜驰之沛公军，私见张良，具告以事，欲呼与俱去，曰："毋俱死也！"张良曰："臣为韩王送沛公；沛公今有急，亡去，不义，不可不语。"良乃入，具告沛公。沛公大惊。

良曰：“料公士卒足以当项羽乎？”沛公默然曰：“固不如也。且为之奈何？”张良曰：“请往谓项伯，言沛公之不敢叛也。”沛公曰：“君安与项伯有故？”张良曰：“秦时与臣游，尝杀人，臣活之。今事有急，故幸来告良。”沛公曰：“孰与君少长？”良曰：“长于臣。”沛公曰：“君为我呼入，吾得兄事之。”张良出，固要项伯；项伯即入见沛公。沛公奉卮酒为寿，约为婚姻，曰：“吾入关，秋毫不敢有所近，籍吏民，封府库而待将军。所以遣将守关者，备他盗之出入与非常也。日夜望将军至，岂敢反乎！愿伯具言臣之不敢倍德也。”项伯许诺，谓沛公曰：“旦日不可不蚤自来谢。”沛公曰：“诺。”于是项伯复夜去，至军中，具以沛公言报项羽，因言曰：“沛公不先破关中，公岂敢入乎？今人有大功而击之，不义也。不如因善遇之。”项羽许诺。

鸿门宴图 此为西汉壁画，据郭沫若考证为《鸿门宴图》。描绘鸿门宴会紧张而激烈场面的同时，将腾腾杀机预示在一种平和宁静中。

【译文】

楚国的左尹项伯是项羽的叔父，向来与张良要好，便连夜驰马到刘邦军中，私下里会见张良，将这些事情一五一十地对他说了，想要叫张良同他一起离开，说道：“你可别跟刘邦一块儿死啊！”张良说：“我为韩王伴送沛公，而今沛公遇有急难，我却逃走了，这是不义的行为，我不能不告诉他。”于是张良便进去将项伯的话全都讲述给了刘邦。刘邦大吃一惊。张良说：“您估计一下您的兵力足够抵挡项羽吗？”刘邦沉默了一会儿道：“的确是不如他呀。这可怎么办呢？”张良说：“请让我去告诉项伯，说您是绝不敢背叛项羽的。”刘邦道：“您是怎么与项伯成为故交的啊？”张良说：“在秦的时候，项伯与我有交往，他曾经杀过人，我救了他。现在事情紧急，所以他前来告诉我。”刘邦说：“您与他谁大谁小？”张良道：“他比我大。”刘邦说：“您替我唤他进来，我将把他当作兄长来对待。”张良于是出去，坚持邀项伯入内，项伯便进去与刘邦相见。刘邦手捧酒杯向项伯敬酒祝福，并与他约定结为儿女亲家，说：“我进入关中，连毫毛般微小的东西都不敢沾边，只是登记官民，封存府库，等待着项羽将军的到来。之所以派将领把守函谷关，是为了防备有其他盗贼出入和有非常情况发生。我日日夜夜盼望着将军驾临，哪里敢谋反啊！希望您能把我的所作所为详尽地反映给项将军。”项伯答应了，对刘邦说：“你明日不可不早些来亲自向项王道歉啊。”刘邦说：“好吧。”项伯于是当夜就赶了回去，到达军营后，将刘邦的话报告给项羽，并趁机道：“要不是刘邦先攻下关中，您又怎么敢进来呀？如今人家建立了大功却还要攻打人家，是不义的。不如就因此好好地对待他。”项羽同意了。

【原文】

沛公旦日从百余骑来见项羽鸿门，谢曰：“臣与将军戮力而攻秦，将军战河北，臣战河南；不自意能先入关破秦，得复见将军于此。今者有小人之言，令将军与臣有隙。”项羽曰：“此沛公左司马曹无伤言之；不然，籍何以至此！”项羽因留沛公与饮。范增数目项羽，举所佩玉玦以示之者三；项羽默然不应。范增起，出，召项庄，谓

鸿门宴

曰："君王为人不忍。若入前为寿，寿毕，请以剑舞，因击沛公于坐，杀之。不者，若属皆且为所虏！"庄则入为寿，寿毕，曰："军中无以为乐，请以剑舞。"项羽曰："诺。"项庄拔剑起舞。项伯亦拔剑起舞，常以身翼蔽沛公，庄不得击。

【译文】

第二天，刘邦带领一百多骑随从人员到鸿门来见项羽，道歉说："我与将军您合力攻秦，您在黄河以北作战，我在黄河以南作战。没料到自己能先进入关中破秦，得以在这里与您重又相见。如今有小人之言搬弄是非，使您和我之间产生了隔阂。"项羽道："这是您的左司马曹无伤散布的流言，不然的话，我何至于如此呢！"项羽于是就留刘邦与他一起喝酒。范增频频向项羽递眼色，并三次举起他所佩带的玉玦暗示项羽杀掉刘邦。项羽却只是默然不语，毫无反应。范增便起身出去招呼项庄，对他说："项王为人心慈手软，还是你进去上前给刘邦敬酒，敬完酒，你就请求表演舞剑，然后乘势在坐席上袭击刘邦，杀了他。不然的话，你们这些人都将成为他的阶下囚了！"项庄即入内为刘邦祝酒，敬完酒后，项庄道："军营中没有什么可用来取乐的，就请让我为你们舞剑助兴吧。"项羽说："好啊。"项庄于是拔剑起舞。项伯见状也起身拔剑起舞，并时时用身子遮护刘邦，使得项庄无法行刺。

西楚霸王（卷九◎汉纪一）

【原文】

汉高祖元年（乙未，公元前206年）

居数日，项羽引兵西，屠咸阳，杀秦降王子婴，烧秦宫室，火三月不灭。收其货宝、妇女而东。秦民大失望。

韩生说项羽曰："关中阻山带河，四塞之地，地肥饶，可都以霸。"项羽见秦宫室皆已烧残破，又心思东归，曰："富贵不归故乡，如衣绣夜行，谁知之者！"韩生退曰："人言楚人沐猴而冠耳，果然！"项羽闻之，烹韩生。

项羽使人致命怀王，怀王曰："如约。"项羽怒曰："怀王者，吾家所立耳，非有功伐，何以得专主约！天下初发难时，假立诸侯后以伐秦。然身被坚执锐首事，暴露于野三年，灭秦定天下者，皆将相诸君与籍之力也。怀王虽无功，固当分其地而王之。"诸将皆曰："善！"春，正月，羽阳尊怀王为义帝，曰："古之帝者，地方千里，必居上游。"乃徙义帝于江南，都郴。

【译文】

汉高祖元年（乙未，公元前206年）

隔了几天，项羽领兵西进，洗劫屠戮咸阳城，杀了已投降的秦王子婴，放火焚烧秦朝宫室，大火燃烧了三个月不熄。随即搜取秦朝的金银财宝和妇女向东而去。秦地的百姓为此大失所望。

韩生劝说项羽道：“关中依恃山川河流为屏障，是四面都有险要可守的地方，土地肥沃，可以在此建都称霸。”项羽却看到秦王朝的宫室都已焚烧得残破不堪，一方面又惦记着返回东方的家乡，便说：“富贵了而不归故乡，就如同穿锦绣华服在夜间行走，谁能看得到啊！”韩生退下去后说道：“人家说楚人像是猕猴戴上人的帽子，果然如此！”项羽听到这话后，即将韩生煮死了。

项羽派人去回报请示楚怀王，怀王说：“照先前约定的办。”项羽暴跳如雷，说：“怀王这个人是我们家扶立起来的，并非因为他建有什么功绩，怎么能够一个人做主定约呢！全国起兵反秦伊始，暂时拥立过去各诸侯国国君的后裔为王，以利讨伐秦王朝。但是，身披坚固的铠甲、手持锐利兵器首先起事，风餐露宿三年之久，终于灭亡秦朝平定天下，都是各位将相和我的力量。不过怀王虽然没什么功劳，却还是应当分给他土地，尊他为王。”众将领都说：“是啊！”春季，正月，项羽便假意尊推怀王为义帝，说道：“古代的帝王辖地千里，却必定居住在江河的上游地带。”于是就把义帝迁移到长江以南，定都在长沙郡的郴县。

半壁江山（卷十◎汉纪二）

【原文】

汉高祖四年（戊戌，公元前203年）

冬，十月，信袭破齐历下军，遂至临淄。齐王以郦生为卖己，乃烹之；引兵东走高密，使使之楚请救。田横走博阳，守相田光走城阳，将军田既军于胶东。

楚大司马咎守成皋，汉数挑战，楚军不出。使人辱之，数日，咎怒，渡兵汜水。士卒半渡，汉击之，大破楚军，尽得楚国金玉、货赂，咎及司马欣皆自刭汜水上。汉王引兵渡河，复取成皋，军广武，就敖仓食。

项羽下梁地十余城，闻成皋破，乃引兵还。汉军方围钟离眛于荥阳东，闻羽至，尽走险阻。羽亦军广武，与汉相守。数月，楚军食少。项王患之，乃为高俎，置太公其上，告汉王曰："今不急下，吾烹太公！"汉王曰："吾与羽俱北面受命怀王，约为兄弟，吾翁即若翁；必欲烹而翁，幸分我一杯羹！"项王怒，欲杀之。项伯曰："天下事未可知。且为天下者不顾家，虽杀之，无益，只益祸耳！"项王从之。

【译文】

汉高祖四年（戊戌，公元前203年）

冬季，十月，韩信打败了齐国的历下守军，随后一直打到齐国的都城临淄。齐王田广认为郦食其出卖了自己，就煮杀了他。然后领兵向东逃往高密，派使者到楚国去请求救援。田横逃奔博阳，田光逃奔城阳，将军田既驻扎在胶东。

楚国大司马曹咎驻守成皋，汉军屡次挑战，楚军只是坚守不出。汉军于是派人到阵前百般辱骂曹咎，一连几天，激得曹咎暴怒，便领兵横渡汜水。楚国的士兵刚渡过一半，汉军就发起攻击，大败楚军，缴获了楚国的全部金银玉器和财物，曹咎和长史司马欣都在汜水之畔自杀身亡。汉王随即领兵渡过黄河，接着收复成皋，驻扎到广武，取用敖仓的粮食作军粮。

张良拜师图 张良是西汉高祖刘邦的军师，从小就立下推翻暴秦统治的宏愿。拾履而拜黄石公为师，得授天书的故事虽然是传说，说明了其虚心好学的优点。

项羽攻下了梁地十多个城邑后，听说成皋被攻破，就率军返回。这时汉军正在荥阳东面围攻钟离昧，听说项羽大军到了，就全部撤往险要的地方。项羽也在广武驻扎下来，与汉军对峙。这样过了几个月，楚军粮食短缺。项羽很是担忧，便架设肉案，把刘邦的父亲放到上面，通告汉王说："今日你如不赶快投降，我就煮杀了太公！"汉王道："我曾与你一起面向北作为臣子接受楚怀王的命令，盟誓结为兄弟，因此我的父亲就犹如你的父亲。倘若你一定要煮杀你的父亲，那么望你也分给我一杯肉羹！"项羽怒不可遏，想要杀掉太公。项伯说："天下的事情不可预料。况且有志争夺天下的人是不顾及自己家人的，即使杀了太公也没什么好处，不过徒增祸患罢了！"项羽听从了他的话。

【原文】

项王谓汉王曰："天下匈匈数岁者，徒以吾两人耳。愿与汉王挑战，决雌雄，毋徒苦天下之民父子为也！"汉王笑谢曰："吾宁斗智，不能斗力！"项王三令壮士出挑战，汉有善骑射者楼烦辄射杀之。项王大怒，乃自被甲持戟挑战。楼烦欲射之，项王瞋目叱之，楼烦目不敢视，手不敢发，遂走还入壁，不敢复出。汉王使人间问之，乃项王也，汉王大惊。

于是项王乃即汉王，相与临广武间而语。羽欲与汉王独身挑战。汉王数羽曰："羽负约，王我于蜀、汉，罪一；矫杀卿子冠军，罪二；救赵不还报，而擅劫诸侯兵入关，罪三；烧秦宫室，掘始皇帝冢，收私其财，罪四；杀秦降王子婴，罪五；诈坑秦子弟新安二十万，罪六；王诸将善地而徙逐故主，罪七；出逐义帝彭城，自都之，夺韩王地，并王梁、楚，多自与，罪八；使人阴杀义帝江南，罪九；为政不平，主约不信，天下所不容，大逆无道，罪十也。吾以义兵从诸侯诛残贼，使刑余罪人击公，何苦乃与公挑战！”羽大怒，伏弩射中汉王。汉王伤胸，乃扪足曰：“虏中吾指。”汉王病创卧，张良强请汉王起行劳军，以安士卒，毋令楚乘胜。汉王出行军，疾甚，因驰入成皋。

【译文】

项羽对汉王说：“天下沸沸扬扬地闹腾了好几年了，只是由于我们两个人相持不下的缘故。现在我愿意向你挑战，一决雌雄，不要再让天下的老百姓白白地忍受煎熬了！”汉王笑着推辞道：“我宁肯斗智，不肯斗力！”项羽便连着三次命楚军壮士出阵挑战，但每次都被汉军营中善于骑射的楼烦射杀了。项羽因此勃然大怒，就亲自披甲持戟上阵挑战。楼烦又想射项羽，项羽见状，愤怒地瞪大眼睛厉声呵斥，使楼烦双眼不敢直视项羽的目光，双手不敢张弓发箭，随即奔回营垒，不敢再露面了。汉王派人悄悄地探听那挑战者是谁，才知道竟是项羽本人，汉王为此大吃一惊。

这时项羽便靠近汉王，相互隔着广武间对话。项羽想要单独向汉王挑战。汉王历数项羽的罪过说：“你违背先约，封我到蜀、汉为王，这是第一条罪状；假托怀王的命令，杀害卿子冠军宋义，是第二条罪状；救赵之后不回报怀王，竟擅自胁迫诸侯军入关，是第三条罪状；焚烧秦朝宫室，掘毁秦始皇陵墓，盗取财物据为私有，是第四条罪状；诛杀已经归降的秦王子婴，是第五条罪状；采用欺诈手段，在新安活埋了已归顺的二十万秦兵，是第六条罪状；把好的地方封给各个将领，却迁徙放逐原来的诸侯王，是第七条罪状；将义帝逐出彭城，自己在那里建都，侵夺韩王的封地，并在梁、楚之地称王称霸，竭力扩充自己的地盘，是第八条罪状；派人到江南暗杀了义帝，是第九条罪状；执政不公平，主持盟约不守信义，为天下所不容，实属大逆不道，是第十条罪状。如今我率领正义的军队随从各诸侯一起征讨你这残虐的贼子，只需让那些受过刑罚的罪犯来攻打你就行了，又何苦要与你单独挑战呢！”项羽闻言大怒，用暗伏的弩箭射中了汉王。汉王胸部负伤，却摸着脚说：“这贼子射中我的脚趾了！”汉王因受创伤而卧床休息，张良却坚持请他起身去军中抚慰将士，以安定军心，不要让楚军乘势取胜。汉王于是出去巡视军营，但终因伤势加重而赶赴成皋养伤。

垓下悲歌（卷十一◎汉纪三）

【原文】

汉高祖五年（己亥，公元前202年）

十二月，项王至垓下，兵少，食尽，与汉战不胜，入壁；汉军及诸侯兵围之数重。项王夜闻汉军四面皆楚歌，乃大惊曰："汉皆已得楚乎？是何楚人之多也？"则夜起，饮帐中，悲歌慷慨，泣数行下；左右皆泣，莫能仰视。于是项王乘其骏马名骓，麾下壮士骑从者八百余人，直夜，溃围南出驰走。平明，汉军乃觉之，令骑将灌婴以五千骑追之。项王渡淮，骑能属者才百余人。至阴陵，迷失道，问一田父，田父绐曰："左。"左，乃陷大泽中，以故汉追及之。

【译文】

汉高祖五年（己亥，公元前202年）

十二月，项羽到了垓下，兵少粮尽，与汉军交战未能取胜，便退入营垒固守。这时汉军和诸侯的军队将项羽的军营重重包围了起来。项羽在晚上听到汉军四面都唱起楚歌，就大惊道："汉军已经全部得到楚国的土地了吗？为什么楚人这么多啊？"便连夜起身，在帐中饮酒，慷慨悲歌，泪下数行。侍从人员见状也都纷纷哭泣，都不忍心抬头观看。项羽于是骑上他的名叫骓的骏马，部下壮士骑马相随的有八百多人，乘夜突破汉军的包围往南奔驰。天大亮时，汉军才发觉，汉王便命令骑将灌婴率五千名骑兵追赶。项羽渡过淮河，相随的骑兵能跟得上他的才一百多人。到达阴陵后，项羽一行人迷了路，就向一个农夫问路，农夫骗他说：“往左。”项羽等往左走，却陷进了大沼泽地中，汉军因此便追上了他们。

【原文】

于是项王欲东渡乌江，乌江亭长舣船待，谓项王曰：“江东虽小，地方千里，众数十万人，亦足王也。愿大王急渡！今独臣有船，汉军至，无以渡。”项王笑曰：“天之亡我，我何渡为！且籍与江东子弟八千人渡江而西，今无一人还；纵江东父兄怜而王我，我何面目见之！纵彼不言，籍独不愧于心乎！”乃以所乘骓马赐亭长，令骑皆下马步行，持短兵接战。独籍所杀汉军数百人，身亦被十余创。顾见汉骑司马吕马童，曰：“若非吾故人乎？”马童面之，指示中郎骑王翳曰：“此项王也！”项王乃曰：“吾闻汉购我头千金，邑万户，吾为若德。”乃刎而死。王翳取其头，余骑相蹂践争项王，相杀者数十人。最其后，杨喜、吕马童及郎中吕胜、杨武各得其一体。五人共会其体，皆是，故分其户，封五人皆为列侯。

楚地悉定，独鲁不下，汉王引天下兵欲屠之。至其城下，犹闻弦诵之声；为其守礼义之国，为主死节，乃持项王头以示鲁父兄，鲁乃降。汉王以鲁公礼葬项王于谷城，亲为发哀，哭之而去。诸项氏枝属皆不诛，封项伯等四人皆为列侯，赐姓刘氏，诸民略在楚者皆归之。

【译文】

这时项羽想要东渡乌江，乌江亭长把船停泊在岸边等着他，并对项羽说：“江东虽然狭小，土地方圆千里，民众几十万人，却也足够用以称王的了。望大王您火速渡江！现在只有我有船，汉军到来，无船渡江。”项羽笑着说：“上天要灭亡我，我还要渡江干什么呀！况且我与江东子弟八千人渡江西征，而今没有一个人归还，纵使江东父老怜爱我，仍然以我为王，我又有什么脸面去见他们啊！即便他们不说什么，难道我就不感到心中有愧吗！”于是就把自己所骑的骏马骓送给了亭长，命令他的骑兵都下马步行，手持短兵器与汉军交战。仅项羽一人就杀死了汉军几百人，项羽自己也身受十多处伤。这时项羽回头看见了汉军骑司马吕马童，就说：“你不是我的老朋友吗？”吕马童背过脸，指给中郎骑王翳说：“这就是项王！”项羽便说道：“我听说汉王悬赏千金买我的头颅，分给万户的封地，我就留给你一些恩德。”便自刎而死。王翳随即取下项羽的头颅，其余的骑兵便相互践踏着争抢项羽的躯体，互相残杀而死的有几十个人。到了最后，杨喜、吕马童和郎中吕胜、杨武各夺得项羽的一部分肢体。五个人把项羽的肢体会合拼凑到一起，都对得上，因此刘邦便分割原来悬赏的万户封地，将五人都封为列侯。

楚地全部平定了，唯独鲁县仍坚守不降，汉王刘邦率领天下的兵马，打算屠灭它。大军抵达城下，仍然能听到城中礼乐弦诵的声音。由于原来是鲁公，鲁县是信守礼义的故国，为自己的君主尽忠守节，汉军便拿出项羽的头颅给鲁县的父老看，鲁县这才投降。汉王用葬鲁公的礼仪把项羽埋葬在榖城，并亲自为项羽发丧举哀，哭了一阵后离去。对项羽的家族亲属都不加杀害，还把项伯等四人都封为列侯，赐他们刘姓，将过去被掳掠到楚国来的百姓们仍归他们统治。

大汉天下

吕后弄权（卷十二◎汉纪四）

【原文】

汉惠帝元年（丁未，公元前194年）

冬，十二月，帝晨出射。赵王少，不能蚤起，太后使人持鸩饮之。黎明，帝还，赵王已死。太后遂断戚夫人手足，去眼，煇耳，饮喑药，使居厕中，命曰"人彘"。居数日，乃召帝观"人彘"。帝见，问知其戚夫人，乃大哭，因病，岁余不能起。使人请太后曰："此非人所为。臣为太后子，终不能治天下。"帝以此日饮为淫乐，不听政。

【译文】

汉惠帝元年（丁未，公元前194年）

冬季，十二月，惠帝凌晨便出去打猎。赵王因为年纪小，不能早起同去，吕太后便派人拿着毒酒让赵王喝。黎明惠帝回宫时，赵王已经死了。吕太后又下令砍断戚夫人的手、脚，挖去眼珠，熏聋耳朵，喝哑药，让她呆在

吕后

厕所里，称她为“人彘”。过了几天，吕太后便召惠帝来看“人彘”。惠帝见后，问知这就是戚夫人，便大哭起来，从此患病，一年多不能起身。他派人向吕太后请求说：“这种事不是人做的。我虽然是太后您的儿子，到底还是治不了这个天下。”惠帝因此每天饮酒淫乐，不理政事。

皇后之玺 此玺在汉高祖长陵附近发现，印面阴刻篆文“皇后之玺”四字，应是吕后生前的御用之宝。

匈汉和亲（卷十二◎汉纪四）

【原文】

汉惠帝三年（己酉，公元前192年）

惠帝以宗室女为公主，嫁匈奴冒顿单于。是时，冒顿方强，为书，使使遗高后，辞极亵嫚。高后大怒，召将相大臣，议斩其使者，发兵击之。樊哙曰：“臣愿得十万众横行匈奴中！”中郎将季布曰：“哙可斩也！前匈奴围高帝于平城，汉兵三十二万，哙为上将军，不能解围。今歌吟之声未绝，伤夷者甫起，而哙欲摇动天下，妄言以十万众横行，是面谩也。且夷狄譬如禽兽，得其善言不足喜，恶言不足怒也。”高后曰：“善！”令大谒者张释报书，深自谦逊以谢之，并遗以车二乘，马二驷。冒顿复使使来谢，曰：“未尝闻中国礼义，陛下幸而赦之。”因献马，遂和亲。

【译文】

汉惠帝三年（己酉，公元前192年）

惠帝以宗室女子作为公主，嫁给匈奴冒顿单于。当时，冒顿正强大，写信派人送给吕太后，言辞极为亵侮傲慢。吕太后大为愤怒，召集将相大臣，商议要杀掉匈奴来使，发兵攻打。樊哙说：“我愿意率领十万军队去横扫匈奴！”中郎将季布却说：“樊哙可以处死！以前匈奴把高祖包围在平城，樊哙身为上将军而不能解围。如今四方百姓哀苦之声尚未断绝，受伤兵士刚能起身，而樊哙却想搞乱天下，妄称以十万军队横扫匈奴，这是当面说谎！况且，匈奴好比禽兽一般，听了他们的好话不必高兴，听了他们的谩骂也不值得生气。”吕太后说：“说得对！”便派大谒者张释送去回信，十分谦逊地致以歉意，并送给匈奴单于两辆车、八匹马。冒顿接信后又派使臣前来道歉，说：“我们从不知道中国的礼义，感谢陛下的宽恕。”于是献上马匹，与汉朝和亲为好。

文帝之治（卷十五◎汉纪七）

【原文】

汉文帝后七年（甲申，公元前157年）

夏，六月，己亥，帝崩于未央宫……乙巳，葬霸陵。

帝即位二十三年，宫室、苑囿、车骑、服御，无所增益；有不便，辄驰以利民。尝欲作露台，召匠计之，直百金。上曰："百金，中人十家之产也。吾奉先帝宫室，常恐羞之，何以台为！"身衣弋绨；所幸慎夫人，衣不曳地；帷帐无文绣；以示敦朴，为天下先。治霸陵，皆瓦器，不得以金、银、铜、锡为饰，因其山，不起坟。吴王诈病不朝，赐以几杖。群臣袁盎等谏说虽切，常假借纳用焉。张武等受赂金钱，觉，更加赏赐以愧其心。专务以德化民。是以海内安宁，家给人足，后世鲜能及之。

【译文】

汉文帝后七年（甲申，公元前157年）

夏季，六月，己亥（初一），文帝在未央宫去世……乙巳（初七），文帝被安葬在霸陵。

（西汉）车马人物彩绘铜镜

汉文帝刘恒

文帝即位以来，历时二十三年，宫室、园林、车骑仪仗、服饰器具等，都没有增加；有对百姓不便的禁令条例，就予以废止以利于民众。文帝曾想修建一个露台，召来工匠计算，需花费一百斤黄金。文帝说："一百斤黄金，相当于中等民户十家财产的总和。我居住着先帝的宫室，经常惧怕使它蒙羞，还修建露台干什么呢！"文帝自己身穿黑色的粗丝衣服，他宠爱的慎夫人所穿的衣服也不拖到地面；所用的帷帐都不刺绣花纹；以显示朴素，为天下人做出表率。修建霸陵，都使用陶制器物，不准用金、银、铜、锡装饰，利用山陵形势，不另外兴建高大的坟堆。吴王刘濞伪称有病，不来朝见，文帝反而赐给他几案和手杖。群臣之中，袁盎等人的进谏言辞激烈而尖锐，文帝常常予以宽容并采纳他们的批评意见。张武等人接受金钱贿赂，事情被觉察后，文帝反而赏赐他们钱财，使他们心中愧疚。他全力以德政去教化百姓。所以，国家安宁，百姓富裕，后世很少能做到这一点。

武帝崇仙（卷十八◎汉纪十）

【原文】

汉武帝元光二年（戊申，公元前133年）

冬，十月，上行幸雍，祠五畤。

李少君以祠灶却老方见上，上尊之。少君者，故深泽侯舍人，匿其年及其生长，其游以方遍诸侯，无妻子。人闻其能使物及不死，更馈遗之，常余金钱、衣食。人皆以为不治生业而饶给，又不知其何所人，愈信，争事之。少君善为巧发奇中。尝从武安侯饮，坐中有九十余老人，少君乃言与其大父游射处；老人为儿时从其大父，识其处，一坐尽惊。少君言上曰："祠灶则致物，致物而丹沙可化为黄金，寿可益，蓬莱仙者可见；见之，以封禅则不死，黄帝是也。臣尝游海上，见安期生，食臣枣，大如瓜。安期生仙者，通蓬莱中，合则见人，不合则隐。"于是天子始亲祠灶，遣方士入海求蓬莱安期生之属，而事化丹沙诸药齐为黄金矣。居久之，李少君病死，天子以为化去，不死；而海上燕、齐怪迂之方士多更来言神事矣。

【译文】

汉武帝元光二年（戊申，公元前133年）

冬季，十月，武帝来到雍地，在五畤举行祭祀。

李少君凭借祭祀灶神求长生不老的方术觐见武帝，

与邪？”太后闻舜语切，恐莽欲胁之，乃出汉传国玺投之地，以授舜曰：“我老已死，如而兄弟今族灭也！”舜既得传国玺，奏之；莽大说，乃为太后置酒未央宫渐台，大纵众乐。

莽又欲改太后汉家旧号，易其玺绶，恐不见听；而莽疏属王谏欲谄莽，上书言：“皇天废去汉而命立新室，太皇太后不宜称尊号，当随汉废，以奉天命。”莽以其书白太后，太后曰：“此言是也！”莽因曰：“此悖德之臣也，罪当诛！”于是冠军张永献符命铜壁文，言太皇太后当为新室文母太皇太后；莽乃下诏从之。于是鸩杀王谏而封张永为贡符子。

【译文】

孝平皇帝下初始元年（戊辰，公元八年）

王莽将要即位当真皇帝，先捧来各种符命祥瑞向太皇太后报告，太皇太后大吃一惊。这时，因孺子刘婴并没有即位，所以皇帝玉玺仍放在太皇太后所住的长乐宫。等到王莽即位，向太皇请求交出玉玺，太皇太后不肯给。王莽让安阳侯王舜规劝。王舜一向谨慎恭敬，太皇太后平素喜欢他、信任他。王舜见到了太皇太后，太皇太后知道他是为王莽索求玉玺，怒骂他说：“你们父子宗族，靠着汉朝的力量几代富贵，不但没有回报，反而利用人家托孤寄子的机会夺取政权，不顾念恩义。这的人，连猪狗都不吃他剩余的东西，天下难道会容下你们兄弟吗！而且你们自己以金匮符命当新皇帝，改变历法，改变车马、服饰颜色，改变制度，也应该自己另刻玉玺，使它传到万世，用这个亡国不祥的玉玺作什么！我是汉朝的老寡妇，早晚都要死，打算跟玉玺一同埋葬，你们终究得不到！”太皇太后一面说，一面哭泣。身边的常侍随从及下面的人都跟着哭泣。王舜也哀恸落泪，不能自止。过了很久，王舜才抬头向太皇太后说：“我等已无话可说，只是王莽一定要得到传国玉玺，太后难道能够最终不给他吗？”太皇太后听王舜的话恳切，又怕王莽用暴力胁迫，于是拿出汉朝的传国玉玺扔到地上，对王舜说：“待我老死后，你们兄弟将会被灭族！”王舜得到传国玉玺后，报告王莽。王莽万分喜悦，于是为太皇太后在未央宫渐台设酒宴，让众人纵情欢乐。

王莽又打算改变太皇太后在汉朝时的旧封号，更换她的印玺绶带，但又怕她拒绝。王莽的远族王谏打算向王莽献媚，上奏说：“皇天废除汉朝，而命令建立新朝，太皇太后不宜再称尊号，应该跟汉朝同时废除，顺应天命。”王莽把奏章呈报太后，太皇太后说：“此话有理！”王莽于是说：“这是违背德义之臣，罪当杀！”这时冠军县人张永呈献璧形铜片，上有符命文字，说太皇太后应称为新室文母太皇太后。王莽下诏接受。于是用鸩酒毒死王谏，封张永为贡符子。

不称名字。汉宣帝赐给他冠带、官衣服，黄金印玺、绿色绶带，玉石装饰的宝剑、佩刀，一张弓、四十八枝箭，十枝有戟套的长戟，安车一辆，马鞍马辔一套，马十五匹，黄金二十斤，钱二十万，衣衫被褥七十七套，锦绣、绸缎、各种细绢八千匹，丝绵六千斤。朝会典礼结束后，汉宣帝派使臣带领单于先至长平阪住宿，自己也从甘泉前往池阳宫住宿。汉宣帝登上长平阪，下诏命单于不必参拜，允许单于左右的大臣列队观瞻，蛮夷各国的国君、各诸侯王、列侯等数万人，全部来到渭桥下夹道迎接。汉宣帝登上渭桥，众人齐呼万岁。过后单于到长安居住。汉宣帝在建章宫设酒宴款待单于，请他观赏珍宝。二月，送单于回国。单于自己请求："希望留居于大沙漠之南的光禄塞下，遇有紧急情况，退入汉受降城自保。"汉宣帝派遣长乐卫尉、高昌侯董忠、车骑都尉韩昌率领骑兵一万六千，又征发边疆各郡数以千计的士兵、马匹，送单于出朔方郡鸡鹿塞。下诏命董忠等留下保卫单于，帮助单于征讨不服其统治的匈奴人。又转运边疆的谷米干粮，前后共三万四千斛，供给匈奴人食用。以前，自乌孙以西直到安息，与匈奴接近的西域各国，全都畏惧匈奴，轻视汉朝，自呼韩邪单于至汉朝朝见后，则全部遵从汉朝号令了。

飞将军李广

王莽篡权（卷三十六◎汉纪二十八）

【原文】

孝平皇帝下初始元年（戊辰，公元8年）

莽将即真，先奉诸符瑞以白太后，太后大惊。是时以孺子未立，玺臧长乐宫。及莽即位，请玺，太后不肯授莽。莽使安阳侯舜谕指。舜素谨敕，太后雅爱信之。舜既见太后，太后知其为莽求玺，怒骂之曰："而属父子宗族，蒙汉家力，富贵累世，既无以报，受人孤寄，乘便利时夺取其国，不复顾恩义。人如此者，狗猪不食其余，天下岂有而兄弟邪！且若自以金匮符命为新皇帝，变更正朔、服制，亦当自更作玺，传之万世，何用此亡国不祥玺为，而欲求之?我汉家老寡妇，旦暮且死，欲与此玺俱葬，终不可得！"太后因涕泣而言，旁侧长御以下皆垂涕。舜亦悲不能自止，良久，乃仰谓太后："臣等已无可言者。莽必欲得传国玺，太后宁能终不

王莽篡位

武帝很尊敬他。李少君是已去世的深泽侯的舍人，他隐瞒了自己的年龄、出生成长的地方，凭借着他的方术周游结交诸侯，没有妻子儿女。人们听说李少君能役使鬼神万物，并有长生不老的方术，纷纷赠送财礼给他，所以他经常有余剩的金钱和衣食用品。人们都认为他不经营产业却很富裕，又不知他是什么地方的人，更加相信他，争着侍奉他。李少君善于用巧妙的语言猜中一些离奇的事情。他曾经陪武安侯饮酒，座中有位九十多岁的老人，李少君就说起与老人的祖父一起游玩射猎的地方；老人还是儿童时曾跟随祖父，记得那个地方，满座的客人都大吃一惊。李少君对武帝说：“祭祀灶神就能招来奇异之物，招来了奇异之物就可以使丹砂化为黄金，可以延年益寿，可以见到蓬莱的仙人。见到仙人，进而举行封禅仪式，就可以长生不死，黄帝就是这样的。我曾经在海上漫游，遇见了安期生，他给我枣吃，那枣如同瓜一般大。安期生是仙人，往来于蓬莱仙境，谁和他合，他就现身相见；谁和他不合，他就隐身不见。”于是武帝就开始亲自祭祀灶神，派遣方士到大海中去寻找蓬莱安期生之类的仙人，并且从事熔化丹砂和其他药物，企图炼出黄金。过了很久，李少君病死，武帝认为他化身成仙，并没有死去。因此，燕地、齐地等沿海地区那些怪诞迂谬的方士，纷纷前来对武帝谈论有关神仙的事情了。

四海臣服（卷二十七◎汉纪十九）

【原文】

汉宣帝甘露三年（庚午，公元前51年）

匈奴呼韩邪单于来朝，赞谒称籓臣而不名；赐以冠带、衣裳，黄金玺、盭绶，玉具剑、佩刀，弓一张，矢四发，棨戟十，安车一乘，鞍勒一具，马十五匹，黄金二十斤，钱二十万，衣被七十七袭，锦绣、绮縠、杂帛八千匹，絮六千斤。礼毕，使使者道单于先行宿长平。上自甘泉宿池阳宫。上登长平阪，诏单于毋谒，其左右当户皆得列观，及诸蛮夷君长、王、侯数万，咸迎于渭桥下，夹道陈。上登渭桥，咸称万岁。单于就邸长安。置酒建章宫，飨赐单于，观以珍宝。二月，遣单于归国。单于自请："愿留居幕南光禄塞下；有急，保汉受降城。"汉遣长乐卫尉、高昌侯董忠、车骑都尉韩昌将骑万六千，又发边郡士马以千数，送单于出朔方鸡鹿塞。诏忠等留卫单于，助诛不服，又转边谷米糒，前后三万四千斛，给赡其食。先是，自乌孙以西至安息诸国近匈奴者，皆畏匈奴而轻汉，及呼韩邪单于朝汉后，咸尊汉矣。

【译文】

汉宣帝甘露三年（庚午，公元前51年）

匈奴呼韩邪单于前来朝见，拜见汉宣帝时，自称藩臣而

张角起义（卷五十八◎汉纪五十）

【原文】

汉灵帝光和六年（癸亥，公元183年）

初，巨鹿张角奉事黄、老，以妖术教授，号“太平道”。咒符水以疗病，令病者跪拜首过，或时病愈，众共神而信之。角分遣弟子周行四方，转相诳诱，十余年间，徒众数十万，自青、徐、幽、冀、荆、扬、兖、豫八州之人，莫不毕应。或弃卖财产、流移奔赴，填塞道路，未至病死者亦以万数。郡县不解其意，反言角以善道教化，为民所归。

【译文】

汉灵帝光和六年（癸亥，公元183年）

最初，钜鹿人张角信奉黄帝、老子，以法术和咒语等传授门徒，号称“太平道”。他用念过咒语的符水治病，先让病人下跪，说出自己所犯的错误，然后让他喝下符水。有些病人竟然就此痊愈，于是，人们将他信奉如神明。张角派他的弟子走遍四方，不断诳骗引诱，十余年的时间，信徒多达数十万，青州、徐州、幽州、冀州、荆州、扬州、兖州和豫州等八州之人，无不响应。有的信徒卖掉自己的家产，前往投奔张角，这些人塞满了道路，尚未到达而死在途中的也数以万计。郡、县的官员不了解张角的真实意图，反而讲张角以善道教化百姓，因而为百姓所拥戴。

【原文】

角遂置三十六方。方，犹将军也。大方万余人，小方六七千，各立渠帅。讹言：“苍天已死，黄天当立，岁在甲子，天下大吉。”以白土书京城寺门及州郡官府，皆作“甲子”字。大方马元义等先收荆、扬数万人，期会发于邺。元义数往来京师，以中常侍封谞、徐奉等为内应，约以三月五日内外俱起。

黄巾大起义的领导人张角

【译文】

张角设置三十六个方。方，犹如将军。大方统率一万余人，小方统率六七千人，各立首领。他宣称：“苍天已死，黄天当立，岁在甲子，天下大吉。”并用白土在京城洛阳各官署及各州、郡官府的大门上都写上“甲子”二字。计划由大方马元义等先集结荆州、扬州的党徒数万人，按期会合，在邺城起事。马元义多次前往京城洛阳，以中常侍封谞、徐奉等人为内应，约定于次年的三月五日，京城内外同时发动。

三国鼎立

官渡之战（卷六十三◎汉纪五十五）

【原文】

汉献帝建安五年（庚辰，公元200年）

冬，十月，绍复遣车运谷，使其将淳于琼等将兵万余人送之，宿绍营北四十里。沮授说绍："可遣蒋奇别为支军于表，以绝曹操之钞。"绍不从。

许攸曰："曹操兵少而悉师拒我，许下余守，势必空弱。若分遣轻军，星行掩袭，许可拔也。许拔，则奉迎天子以讨操，操成擒矣。如其未溃，可令首尾奔命，破之必也。"绍不从，曰："吾要当先取操。"会攸家犯法，审配收系之，攸怒，遂奔操。

操闻攸来，跣出迎之，抚掌笑曰："子卿远来，吾事济矣！"既入坐，谓操曰："袁氏军盛，何以待之？今有几粮乎？"操曰："尚可支一岁。"攸曰："无是，更言之！"又曰："可支半岁。"攸曰："足下不欲破袁氏邪？何言之不实也！"操曰："向言戏之耳。其实可一月，为之奈何？"攸曰："公孤军独守，外无救援而粮谷已尽，此危急之日也。袁氏辎重万余乘，在故市、乌巢，屯军无严备，若以轻兵袭之，不意而至，燔其积聚，不过三日，袁氏自败也。"

【译文】

汉献帝建安五年（庚辰，公元200年）

冬季，十月，袁绍又派大批车辆运粮草，让大将淳于琼等率领一万余人护送，停留在袁绍大营以北四十里处。沮授劝袁绍说：“可派遣蒋奇率一支军队，在运粮队的外围巡逻，以防曹操派军袭击。”袁绍不听。

许攸说：“曹操兵少，而集中全力来抵抗我军，许都由剩下的人守卫，防备一定空虚。如果派一支队伍轻装前进，连夜奔袭，可以攻陷许都。占领许都后，就奉迎天子以讨伐曹操，必能捉住曹操。假如他未立刻溃散，也能使他首尾不能兼顾，疲于奔命，一定可将他击败。”袁绍不同意，说：“我一定要先捉住曹操。”正在这时，许攸家里有人犯法，留守邺城的审配将他们逮捕，许攸知道后大怒，就去投奔曹操。

曹操听说许攸前来，来不及穿鞋，光着脚出来迎接他，拍手笑着说：“许子远，你远道而来，我的大事可以成功了！”入座以后，许攸对曹操说：“袁军势大，你有什么办法对付他？现在还有多少粮草？”曹操说：“还可以支持一年。”许攸说：“没有那么多，再说一次。”曹操又说：“可以支持半年。”许攸说：“您不想击破袁绍吗？为什么不说实话呢！”曹操说：“刚才只是开玩笑罢了，其实只可应付一个月，怎么办呢？”许攸说：“您孤军独守，外无救援，而粮草已尽，这是危急的关头。袁绍有一万多辆辎重车，在故市、乌巢守军戒备不严密，如果派轻装部队袭击，出其不意，焚毁他们的粮草与军用物资，不出三天，袁绍大军就会自行溃散。”

【原文】

操大喜，乃留曹洪、荀攸守营，自将步骑五千人，皆用袁军旗帜，衔枚缚马口，夜从间道出，人抱束薪，所历道有问者，语之曰：“袁公恐曹操钞略后军，遣兵以益备。”闻者信以为然，皆自若。既至，围屯，大放火，营中惊乱。会明，琼等望见操兵少，出陈门外，操急击之，琼退保营，操遂攻之。

绍闻操击琼，谓其子谭曰：“就操破琼，吾拔其营，彼固无所归矣！”乃使其将高览、张郃等攻操营。郃曰：“曹公精兵往，必破琼等，琼等破，则事去矣，请先往救之。”郭图固请攻操营。郃曰：“曹公营固，攻之必不拔。若琼等见擒，吾属尽为虏矣。”绍但遣轻骑救琼，而以重兵攻操营，不能下。

绍骑至乌巢，操左右或言：“贼骑稍近，请分兵拒之。”操怒曰：“贼在背后，乃白！”士卒皆殊死战，遂大破之，斩琼等，尽燔其粮谷，杀士卒千余人，皆取其鼻，牛马割唇舌，以示绍军。绍军将士皆恟惧。郭图惭其计之失，复谮张郃于绍曰：“郃快军败。”郃忿惧，遂与高览焚攻具，诣操营降。曹洪疑不敢受，荀攸曰：“郃计画不用，怒而来奔，君有何疑！”乃受之。

【译文】

曹操大喜，便留下曹洪、荀攸防守大营，亲自率领五千名步骑兵出击。军队一律用袁军的旗号，兵士嘴里衔着小木棍，把马嘴绑上，以防发出声音，夜里从小道出营，每人抱一捆柴草。经过的路上遇到有人盘问，就回答说："袁公恐怕曹操袭击后方辎重，派兵去加强守备。"听的人信以为真，全都毫无戒备。军队到达乌巢后，围住袁军辎重，四面放火，袁军营中大乱。正在这时，天已渐亮，淳于琼等看到曹军兵少，就在营外摆开阵势，曹操进军猛击，淳于琼等抵挡不住，退守营寨，于是曹军开始进攻。

袁绍听到曹操袭击淳于琼的消息，对儿子袁谭说："就算曹操攻破淳于琼，我去攻破他的大营，让他无处可归。"于是，派遣大将高览、张郃去攻打曹军大营。张郃说："曹操亲率精兵前去袭击，必能攻破淳于琼等，他们一败，辎重被毁，则我军大势已去，请先去救援淳于琼。"郭图坚持要先攻曹操营寨。张郃说："曹操营寨坚固，一定不能攻克。如果淳于琼等被捉，我们都将成为俘虏。"袁绍只是派轻兵去援救淳于琼，而派重兵进攻曹军大营，未能攻下。

袁绍增援的骑兵到达乌巢，曹操左右有人说："敌人的骑兵逐渐靠近，请分兵抵抗。"曹操怒喝道："敌人到了背后，再来报告！"曹军士兵都拼死作战，于是大破袁军，斩杀淳于琼等，烧毁袁军全部粮秣，将一千余名袁军士兵的鼻子全都割下，将所俘获的牛马的嘴唇、舌头也割下，拿给袁绍军队看。袁军将士看到后，大为恐惧。郭图因自己的计策失败，心中羞愧，就又去袁绍那里诬告张郃，说："张郃听说我军失利，十分幸灾乐祸。"张郃听说后，又恨又怕，就与高览烧毁了攻营的器械，到曹营去投降。曹洪生怕中计，不敢接受他们投降。荀攸说："张郃因为计策不为袁绍采用，一怒之下前来投奔，您有什么可怀疑的！"于是接受张郃、高览的投降。

【原文】

于是绍军惊扰，大溃，绍及谭等幅巾乘马，与八百骑渡河。操追之不及，尽收其辎重、图书、珍宝。余众降者，操尽坑之，前后所杀七万余人。

沮授不及绍渡，为操军所执，乃大呼曰："授不降也，为所执耳！"操与之有旧，迎谓曰："分野殊异，遂用圮绝，不图今日乃相禽也！"授曰："冀州失策，自取奔北。授知力俱困，宜其见禽。"操曰："本初无谋，不相用计，今丧乱未定，方当与君图之。"授曰："叔父、母弟，县命袁氏，若蒙公灵，速死为福。"操叹曰："孤早相得，天下不足虑也。"遂赦

曹操智胜袁绍

而厚遇焉。授寻谋归袁氏，操乃杀之。

操收绍书中，得许下及军中人书，皆焚之，曰："当绍之强，孤犹不能自保，况众人乎！"

【译文】

于是，袁军惊恐，全面崩溃。袁绍与袁谭等戴着头巾，骑着快马，率领八百名骑兵渡过黄河而逃。曹军追赶不及，但缴获了袁绍的全部辎重、图书和珍宝。袁军残部投降，全部被曹操活埋，先后杀死的有七万余人。

沮授来不及跟上袁绍渡河逃走，被曹军俘虏，于是他大喊："我不是投降，只是被擒！"曹操和他是老相识，亲自来迎接他，对他说："咱们处在不同的地区，一直被隔开不能相见，想不到今天你会被我捉住。"沮授说："袁绍失策，自取失败。我的才智和能力全都无法施展，应当被擒。"曹操说："袁绍缺乏头脑，不能采用你的计策。如今，天下战乱未定，我要与你一同创立功业。"沮授说："我叔父与弟弟的性命都控制在袁绍手中。如果蒙您看重，就请快些杀我，这才是我的福气。"曹操叹息说："我如果早就得到你，天下大事都不值得担忧了。"于是，赦免沮授，并给予他优厚待遇。不久，沮授策划逃回袁绍军中，曹操这才将他杀死。

曹操收缴袁绍的往来书信，得到许都官员及自己军中将领写给袁绍的信，他将这些信全部烧掉，说："当袁绍强盛之时，连我都不能自保，何况众人呢！"

孙刘结盟（卷六十五◎汉纪五十七）

【原文】

汉献帝建安十三年（戊子，公元208年）

曹操自江陵将顺江东下。诸葛亮谓刘备曰："事急矣，请奉命求救于孙将军。"遂与鲁肃俱诣孙权。亮见权于柴桑，说权曰："海内大乱，将军起兵江东，刘豫州收众汉南，与曹操共争天下。今操芟夷大难，略已平矣，遂破荆州，威震四海。英雄无用武之地，故豫州遁逃至此，愿将军量力而处之。若能以吴、越之众与中国抗衡，不如早与之绝；若不能，何不按兵束甲，北面而事之！今将军外托服从之名，而内怀犹豫之计，事急而不断，祸至无日矣。"权曰："苟如君言，刘豫州何不遂事之乎？"亮曰："田横，齐之壮士耳，犹守义不辱；况刘豫州王室之胄，英才盖世，众士慕仰，若水之归海。若事之不济，此乃天也，安能复为之下乎！"权勃然曰："吾不能举全吴之地，十万之众，受制于人。吾计决矣！非刘豫州莫可以当曹操者；然豫州新败之后，安能抗此难乎？"亮曰："豫州军虽败于长坂，今战士还者及关羽水军精甲万人，刘琦合江夏战士亦不下万人。曹操之众，远来疲敝，闻追豫州，轻骑一日一夜行三百余里，此所谓'强弩之末势不能穿鲁缟'者也。故《兵法》忌之，曰'必蹶上将军'。

且北方之人，不习水战；又，荆州之民附操者，逼兵势耳，非心服也。今将军诚能命猛将统兵数万，与豫州协规同力，破操军必矣。操军破，必北还；如此，则荆、吴之势强，鼎足之形成矣。成败之机，在于今日！”权大悦，与其群下谋之。

【译文】

汉献帝建安十三年（戊子，公元208年）

曹操从江陵出发，将要顺长江东下。诸葛亮对刘备说：“形势危急，我请求奉命去向孙将军求救。”于是他就和鲁肃一起去见孙权。诸葛亮在柴桑见到孙权，对孙权说：“天下大乱，将军在长江以东起兵，刘备在汉水以南召集部众，与曹操共同争夺天下。现在，曹操基本已经消灭北方的主要强敌，接着南下攻破荆州，威震四海。在曹操大军面前，英雄无用武之地，所以刘备逃到这里，希望将军量力来加以安排。如果将军能以江东的人马，与占据中原的曹操相抗衡，不如及早与操断绝关系；如果不能，为什么不早点解除武装，向他称臣？现在，将军表面上服从朝廷，而心中犹豫不决，事情已到危急关头而不果断处理，大祸马上就要临头了。”孙权说：“假如像你说的那样，刘备为什么不服从曹操？”诸葛亮说：“田横，不过是齐国的壮士，还坚守节义，不肯屈辱投降；何况刘备是皇室后裔，英雄才略，举世无双，士大夫们对他的仰慕，如同流水归向大海。如果大事不成，这是天意，怎么能再居于曹操之下呢？”孙权勃然大怒，说：“我不能把全部吴国故地和十万精兵拱手奉送，去受曹操的控制。我的主意已定！除刘备以外，没有能抵挡曹操的人；但刘备新近战败之后，怎么能担当这项重任呢？”诸葛亮说：“刘备的军队虽然在长坂大败，但现在陆续回来的战士和关羽的水军加起来有一万精兵，刘琦集结江夏郡的战士，也不下一万人。曹操的军队远道而来，已经疲惫。听说在追赶刘备时，轻骑兵一天一夜奔驰三百余里，这正是所谓‘强弩射出的箭到了力量已尽的时候，连鲁国生产的薄绸都穿不透’。所以《兵法》以此为禁忌，说‘必定会使上将军受挫’。而且，北方地区的人，不善于进行水战。另外，荆州地区的民众归附曹操，只是在他军队的威逼之下，并不是心悦诚服。如今，将军如能命令猛将统领数万大军，与刘备齐心协力，一定能打败曹军。曹操失败后，必然退回北方，这样荆州与东吴的势力就强大起来，可以形成鼎足三分的局

三顾茅庐 刘备“三顾茅庐”延请诸葛亮的故事千古流传，经久不衰，充分体现了刘备求贤若渴的品德，他也成为后世重视人才的楷模。

势。成败的关键，就在于今天！”孙权听后非常高兴，就去与他的部属们商议。

【原文】

是时，曹操遗权书曰：“近者奉辞伐罪，旌麾南指，刘琮束手。今治水军八十万众，方与将军会猎于吴。”权以示臣下，莫不响震失色。长史张昭等曰：“曹公，豺虎也，挟天子以征四方，动以朝廷为辞；今日拒之，事更不顺。且将军大势可以拒操者，长江也；今操得荆州，奄有其地，刘表治水军，蒙冲斗舰乃以千数，操悉浮以沿江，兼有步兵，水陆俱下，此为长江之险已与我共之矣，而势力众寡又不可论。愚谓大计不如迎之。”鲁肃独不言。权起更衣，肃追于宇下。权知其意，执肃手曰：“卿欲何言？”肃曰：“向察众人之议，专欲误将军，不足与图大事。今肃可迎操耳，如将军不可也。何以言之？今肃迎操，操当以肃还付乡党，品其名位，犹不失下曹从事，乘犊车，从吏卒，交游士林，累官故不失州郡也。将军迎操，欲安所归乎？愿早定大计，莫用众人之议也！”权叹息曰：“诸人持议，甚失孤望。今卿廓开大计，正与孤同。”

诸葛亮

【译文】

这时，曹操写信给孙权说：“最近，我奉天子之命，讨伐有罪的叛逆，军旗指向南方，刘琮降服。如今，我统领水军八十万人，将要与将军在吴地一决胜负。”孙权把这封书信给部属们看，他们无不惊惶失色。长史张昭等人说：“曹操是豺狼虎豹，挟持天子以征讨四方，动不动就用朝廷的名义来发布命令。今天我们如果进行抗拒，就更显得名不正而言不顺。况且将军可以抵抗曹操的，是依靠长江天险。现在，曹操占有荆州的土地，刘表所训练的水军，包括数以千计的蒙冲战船，已由曹操接管，曹操计全部船只沿长江而下，再加上步兵，水陆并进。这样，长江天险已由曹操与我们共有，而双方势力的众寡又不能相提并论。因此，依我们的愚见，最好是迎接曹操，投降朝廷。”只有鲁肃一言不发。孙权起身上厕所，鲁肃追到房檐下。孙权知道鲁肃的意思，握着鲁肃的手说：“你想说什么？”鲁肃说：“刚才，我观察众人的议论，只是想贻误将军，不足以与他们商议大事。现在，像我鲁肃这样的人可以迎降曹操，但将军却不可以。为什么这样说呢？现在我去迎接曹操，曹操一定会把我交给乡里父老去评议，以确定名位，也还会做一个下曹从事，能乘坐牛车，有吏卒跟随，与士大夫们结交，步步升官，也能当上州、郡的长官。可是将军迎接曹操，打算到哪里去安身呢？希望将军能早定大计，不要听那些人的意见。”孙权叹息说：“这些人的说法，太让我失望了。如今，你阐明的策略，正与我想的一样。”

赤壁鏖战（卷六十五◎汉纪五十七）

【原文】

汉献帝建安十三年（戊子，公元208年）

是夜，瑜复见权曰："诸人徒见操书言水步八十万而各恐慑，不复料其虚实，便开此议，甚无谓也。今以实校之，彼所将中国人不过十五六万，且已久疲；所得表众亦极七八万耳，尚怀狐疑。夫以疲病之卒御狐疑之众，众数虽多，甚未足畏。瑜得精兵五万，自足制之，愿将军勿虑！"权抚其背曰："公瑾，卿言至此，甚合孤心。子布、元表诸人，各顾妻子，挟持私虑，深失所望；独卿与子敬与孤同耳，此天以卿二人赞孤也。五万兵难卒合，已选三万人，船粮战具俱办。卿与子敬、程公便在前发，孤当续发人众，多载资粮，为卿后援。卿能办之者诚决，邂逅不如意，便还就孤，孤当与孟德决之。"遂以周瑜、程普为左右督，将兵与备并力逆操；以鲁肃为赞军校尉，助画方略。

刘备在樊口，日遣逻吏于水次候望权军。吏望见瑜船，驰往白备，备遣人慰劳之。瑜曰："有军任，不可得委署；傥能屈威，诚副其所望。"备乃乘单舸往见瑜曰："今拒曹公，深为得计。战卒有几？"瑜曰："三万人。"备曰："恨少。"瑜曰："此自足用，豫州但观瑜破之。"备欲呼鲁肃等共会语，瑜曰："受命不得妄委署；若欲见子敬，可别过之。”备深愧喜。

【译文】

汉献帝建安十三年（戊子，公元208年）

当天夜里，周瑜又去见孙权，说：“众人只看到曹操信中说有水、陆军八十万而各自惊恐，不再去分析其中的虚实，就提出向曹操投降的意见，太不像话。现在咱们据实计算一下，曹操所率领的中原部队不过十五六万人，而且长期征战，早已疲惫；新接收的刘表的部队，至多有七八万人，仍然心怀猜疑。以疲惫的士卒，驾驭心怀猜疑的部众，人数虽多，却并没有什么可怕的。我只要有五万精兵，就足以制服敌军，望将军不要顾虑！”孙权拍着周瑜的背说：“公瑾，你说到这个地步，非常合我的心意。张昭、秦松等人，各顾自己的妻子儿女，怀有私心，非常令我失望。只有你与鲁肃和我的看法相同，这是上天派你们两个人来辅佐我。五万精兵一时难以集结，已挑选了三万人，战船、粮草及武器装备都已备齐，你和鲁肃、程普率兵先行，我当继续调集人马，多运辎重、粮草，作为你的后援。你能战胜曹军，就当机立断；如果失利，就退到我这里来，我当与曹操决一胜负。”于是，孙权任命周瑜、程普为左、右都督，率兵与刘备合力迎战曹操；又任命鲁肃为赞军校尉，协助筹划战略。

刘备驻军樊口，每天派巡逻的士兵在江边眺望孙权的军队。士兵看到周瑜的船队，就立即乘马回营报告刘备。刘备派人前去慰劳。周瑜对慰劳的人说：“我有军事任务在身，不能委派别人代理，如果刘备能屈尊前来会面，实在符合我的愿望。”刘备就乘一只船去见周瑜，问说：“现在抵抗曹操，实在是很明智的决定。不知有多少战士？”周瑜说：“三万人。”刘备说：“可惜太少了。”周瑜说：“这已足够用，将军且看我击败曹军。”刘备想要召呼鲁肃等来共同谈话，周瑜说：“接受军令，不得随意委托人代理。如果您要见鲁肃，可以另去拜访他。”刘备既很惭愧，又很高兴。

周瑜

【原文】

进，与操遇于赤壁。

时操军众已有疾疫。初一交战，操军不利，引次江北。瑜等在南岸，瑜部将黄盖曰：“今寇众我寡，难与持久。操军方连船舰，首尾相接，可烧而走也。”乃取蒙冲斗舰十艘，载燥荻、枯柴，灌油其中，裹以帷幕，上建旌旗，豫备走舸，系于其尾。先以书遗操，诈云欲降。时东南风急，盖以十舰最著前，中江举帆，余船以次俱进。操军吏士皆出营立观，指言盖降。去北军二里余，同时发火，火烈风猛，船往如箭，烧尽北船，延及岸上营落。顷之，烟炎张天，人马烧溺死者甚众。瑜等率轻锐继其后，雷鼓大震，北军大坏。操引军从华容道步走，遇泥泞，道不通，天又大风，悉使羸兵负草填之，骑乃得过。羸兵为人马所蹈藉，陷泥中，死者甚众。刘备、周瑜水陆并进，追操至南郡。时操军兼以饥疫，死者太半。操乃留征南将军曹仁、横野将军徐晃守江陵，折冲将军乐进守襄阳，引军北还。

【译文】

周瑜大军继续前进，在赤壁与曹操相遇。

当时曹操的部队中已发生疾疫。两军初次交战，曹军失利，退到长江北岸。周瑜等驻军在长江南岸，周瑜部将黄盖说："如今敌众我寡，难以长期相持。曹军正把战船连在一起，首尾相接，可以用火攻，击败曹军。"于是，选取蒙冲战船十艘，装上干荻和枯柴，在里边

庞统巧授连环计

浇上油，外面裹上帷幕，上边插上旌旗，预先备好快艇，系在船尾。黄盖先派人送信给曹操，谎称打算投降。当时东南风正疾，黄盖将十艘战船排在最前面，到江心时升起船帆，其余的船在后依次前进。曹操军中的官兵都走出营来站着观看，指着船说黄盖来投降了。离曹军还有二里多远，那十艘船同时点火，火烈风猛，船像箭一样向前飞驶，把曹军战船全部烧光，火势还蔓延到曹军设在陆地上的营寨。顷刻间，浓烟烈火，遮天蔽日，曹军人马烧死和淹死的不计其数。周瑜等率领轻装的精锐战士紧随在后，鼓声震天，奋勇向前，曹军大败。曹操率军从华容道步行撤退，遇到泥泞，道路不通，天又刮起大风。曹操让所有老弱残兵背草铺在路上，骑兵才勉强通过。老弱残兵被人马所践踏，陷在泥中，死了很多。刘备、周瑜水陆并进，追赶曹操直到南郡。这时，曹军又饿又病，死了一大半。曹操就留下征南将军曹仁、横野将军徐晃镇守江陵，折冲将军乐进镇守襄阳，自己率军返回北方。

刘备入蜀（卷六十七◎汉纪五十九）

【原文】

汉献帝建安十九年（甲午，公元214年）

刘备围雒城且一年，庞统为流矢所中，卒。法正笺与刘璋，为陈形势强弱，且曰："左将军从举兵以来，旧心依依，实无薄意。愚以为可图变化，以保尊门。"璋不答。雒城溃，备进围成都。诸葛亮、张飞、赵云引兵来会。

马超知张鲁不足与计事，又鲁将杨昂等数害其能，超内怀于邑。备使建宁督邮李恢往说之，超遂从武都逃入氐中，密书请降于备。备使人止超，而潜以兵资之。超到，令引军屯城北，城中震怖。

备围城数十日，使从事中郎涿郡简雍入说刘璋。时城中尚有精兵三万人，谷帛支一年，吏民咸欲死战。璋言："父子在州二十余年，无恩德以加百姓。百姓攻战三年，肌膏草野者，以璋故也，何心能安！"遂开城，与简雍同舆出降，群下莫不流涕。备迁璋于公安，尽归其财物，佩振威将军印绶。

备入成都，置酒，大飨士卒。取蜀城中金银，分赐将士，还其谷帛。备领益州牧，以军师中郎将诸葛亮为军师将军，益州太守南郡董和为掌军中郎将，并署左将军府事，偏将军马超为平西将军，军议校尉法正为蜀郡太守、扬武将军，裨将军南阳黄忠为讨虏将军，从事中郎麋竺为安汉将军，简雍为昭德将军，北海孙乾为秉忠将军，广汉长黄权为偏将军，汝南许靖为左将军长史，庞羲为司马，李严为犍为太守，费观为巴郡太守，山阳伊籍为从事中郎，零陵刘巴为西曹掾，广汉彭羕为益州治中从事。

【译文】

汉献帝建安十九年（甲午，公元214年）

刘备围攻雒城近一年，庞统被流矢射中而死。法正写信给刘璋，分析了形势强弱，并说：“左将军刘备起兵后，对您仍有旧情，实际上没有恶意。我认为您应改变态度，以保住家门的尊贵。”刘璋未予答复。刘备攻破雒城，进而包围了成都。诸葛亮、张飞、赵云也率兵前来会合。

马超知道张鲁是个不值得与其计议大事的人，张鲁的部将杨昂等人又多次诋毁他的才能，因此心中忧郁。刘备派建宁督邮李恢前去游说马超，马超便从武都逃到氐人部落，秘密写信给刘备请求归降。刘备派人制止了马超，但暗中派兵给以帮助。马超来到成都，刘备命他率军驻扎城北，成都城内的人非常震惊，心中恐惧。

刘备包围成都数十天，派从事中郎涿郡人简雍进城劝降刘璋。此时城中还有精兵三万人，粮食和丝帛可以支持一年，官吏和百姓都愿死战到底。刘璋说：“我们父子统领益州二十余年，对百姓没有什么恩德。百姓苦战三年，暴尸荒野，实在是因为我刘璋的缘故，我怎能安心！”因此命令打开城门，和简雍同乘一辆车出来投降，部属无不伤心落泪。刘备把刘璋安置在公安这个地方，归还他的全部财物，让他佩带振威将军印绶。

刘备进入成都，大摆酒宴，犒劳士卒，取出城中存放的金银，分赐给将士，而粮食和丝帛则物归原主。刘备兼任益州牧，任命军师中郎将诸葛亮为军师将军，益州太守、南郡人董和为掌军中郎将，并且代理左将军府事，偏将军马超为平西将军，军议校尉法正为蜀郡太守、扬武将军，裨将军、南阳人黄忠为讨虏将军，从事中郎麋竺为安汉将军，简雍为昭德将军，北海人孙乾为秉忠将军，广汉长黄权为偏将军，汝南人许靖为左将军长史，庞羲为司马，李严为犍为太守，费观为巴郡太守，山阳人伊籍为从事中郎，零陵人刘巴为西曹掾，广汉人彭羕为益州治中从事。

败走麦城（卷六十八◎汉纪六十）

【原文】

汉献帝建安二十四年（己亥，公元219年）

关羽闻南郡破，即走南还。曹仁会诸将议，咸曰："今因羽危惧，可追禽也。"赵俨曰："权邀羽连兵之难，欲掩制其后，顾羽还救，恐我乘其两疲，故顺辞求效，乘衅因变以观利钝耳。今羽已孤迸，更宜存之以为权害。若深入追北，权则改虞于彼，将生患于我矣，王必以此为深虑。"仁乃解严。魏王操闻羽走，恐诸将追之，果疾敕仁如俨所策。

【译文】

汉献帝建安二十四年（己亥，公元219年）

关羽得知南郡失守后，立即向南回撤。曹仁召集将领们商议，众人都说："如今趁关羽身陷困境，内心恐惧，可派兵追击，将他擒获。"赵俨说："孙权侥幸乘关羽和我军鏖战之机，想进攻关羽后路，又顾忌关羽率军回救，怕我军趁其双方疲劳时从中取利，所以才言辞和顺地请求为我军效力，不过是乘时机的变化观望胜败罢了。如今关羽已势力孤单，正仓促奔走，我们更应让他继续存在，去危害孙权。如果对战败的关羽穷追不舍，孙权就将由防备关羽改为给我们制造祸患了，魏王必将对此深为忧虑。"

于是，曹仁下令不要再穷追关羽。魏王曹操知道关羽退走，唯恐将领们追击他，果然迅速给曹仁下达命令，正如赵俨所判断的。

【原文】

关羽数使人与吕蒙相闻，蒙辄厚遇其使，周游城中，家家致问，或手书示信。羽人还，私相参讯，咸知家门无恙，见待过于平时，故羽吏士无斗心。

关羽自知孤穷，乃西保麦城。孙权使诱之，羽伪降，立幡旗为象人于城上，因遁走，兵皆解散，才十余骑。权先使朱然、潘璋断其径路。十二月，璋司马马忠获羽及其子平于章乡，斩之，遂定荆州。

【译文】

关羽多次派使者与吕蒙联系，吕蒙每次都厚待关羽的使者，允许他们在城中各处游览，向关羽部下亲属表示慰问，有人亲手写信托他带走，作为平安的证明。使者返回，关羽部属私下向他询问家中情况，都知道家中平安，所受对待超过以前，因此关羽的将士都无心再战了。

关羽自知孤立困穷，便向西退守麦城。孙权派人诱降，关羽伪装投降，把幡旗做成人像立在城墙上，然后逃遁，士兵都跑散了，跟随他的只有十余名骑兵。孙权已事先命令朱然、潘璋切断了关羽的去路。十二月，潘璋手下的司马马忠在章乡擒获关羽及其儿子关平，将他们斩首，于是，孙权占据了荆州。

平定南中（卷七十◎魏纪二）

【原文】

魏文帝黄初六年（乙巳，公元225年）

汉诸葛亮至南中，所在战捷，亮由越嶲入，斩雍闿及高定。使庲降督益州李恢由益州入，门下督巴西马忠由牂柯入，击破诸县，复与亮合。孟获收闿余众以拒亮。获素为夷、汉所服，亮募生致之，既得，使观于营陈之间，问曰："此军何如？"获曰："向者不知虚实，故败。今蒙赐观营陈，若只如此，即定易胜耳。"亮笑，纵使更战。七纵七禽而亮犹遣获，获止不去，曰："公，天威也，南人不复反矣！"亮遂至滇池。

益州、永昌、牂柯、越嶲四郡皆平，亮即其渠率而用之。或以谏亮，亮曰："若留外人，则当留兵，兵留则无所食，一不易也；加夷新伤破，父兄死丧，留外人而无兵者，必成祸患，二不易也；又，夷累有废杀之罪，自嫌衅重，若留外人，终不相信，三不易也。今吾欲使不留兵，不运粮，而纲纪粗定，夷、汉粗安故耳。"亮于是悉收其俊杰孟获等以为官属，出其金、银、丹、漆、耕牛、战马以给军国之用。自是终亮之世，夷不复反。

【译文】

魏文帝黄初六年（乙巳，公元225年）

识诈降三擒孟获

蜀汉诸葛亮到达南中，征讨叛乱，所至必胜。诸葛亮从越巂进兵，斩杀了雍闿和高定。派庲降督、益州人李恢从益州进兵；门下督、巴西人马忠从牂柯进兵，击溃南中各县的叛军，再度和诸葛亮会合。孟获收拾雍闿的残部抗拒诸葛亮。孟获深得当地汉人和夷族的信赖，诸葛亮要生擒孟获，以后果然将孟获俘获，让他参观了蜀军的军营战阵，问他说：“这样的军队如何？”孟获说：“以前不知道你们的虚实，所以遭到失败。如今蒙您允许我参观你们的军营战阵，如果贵军只是这样的军队，我一定能轻易取胜。”诸葛亮笑了笑，将孟获释放，要他再次前来交战。前后把孟获放回七次，又生擒七次，最后诸葛亮仍将孟获释放，孟获却不再走了，对诸葛亮说：“您有天威！南方人不会再反叛了！”于是诸葛亮到达滇池。

益州、永昌、牂柯、越巂四郡都被平定了，诸葛亮仍然任用当地原来的首领为四郡的地方官吏。有人劝诸葛亮不要这样做，诸葛亮说："如果留外地人为官，则要留驻军队，留驻军队，则粮秣供应困难，这是第一个难题；这些夷族刚受过战争之苦，父兄多有死伤，怨气未消，任用外地人而不留驻军队，必定产生祸患，这是第二个难题；这些夷族屡次三番杀死和废掉官吏，自知有罪，与我们隔阂很深，如果留下外地人为官，终究难以被他们信任，这是第三个难题。我现在是要不留军队，不转运粮食，使法令、政纪大体得以贯彻，让夷族和汉人大体安定下来。"于是诸葛亮网罗孟获等当地的著名人物，任命他们为地方官吏，让他们贡献金、银、丹、漆、耕牛、战马，供给军队和朝廷使用。从此之后，在诸葛亮的有生之年，这一地区的夷族再也没有反叛。

孔明烧藤甲七擒孟获

智星陨落（卷七十二◎魏纪四）

【原文】

魏明帝青龙二年（甲寅，公元234年）

亮病笃，汉主使尚书仆射李福省侍，因谘以国家大计。福至，与亮语已，别去，数日复还。亮曰："孤知君还意，近日言语谘弥日，有所不尽，更来求决耳。公所问者，公琰其宜也。"福谢："前实失不谘请，如公百年后，谁可任大事者，故辄还耳。乞复请蒋琬之后，谁可任者？"亮曰："文伟可以继之。"又问其次，亮不答。

是月，亮卒于军中。长史杨仪整军而出。百姓奔告司马懿，懿追之。姜维令仪反旗鸣鼓，若将向懿者，懿敛军退，不敢逼。于是仪结陈而去，入谷然后发丧。百姓为之谚曰："死诸葛走生仲达。"懿闻之，笑曰："吾能料生，不能料死故也。"

【译文】

魏明帝青龙二年（甲寅，公元234年）

诸葛亮病重，汉后主派遣尚书仆射李福前来问候，同时询问国家大事。李福来到，和诸葛亮谈完，辞别而去，几天之后又回来。诸葛亮说："我知道您返回来的意图，近来虽然整天谈话，有些事还没有交待，又来听取决定了。你所要问的事蒋琬适合。"李福道歉说："日前确实不曾询问，如您百年之后，谁可以担负重任，所以就又返回。再请问蒋琬之后，谁可承担重任？”诸葛亮说：“费祎可以继任。”又问费祎之后怎么样？诸葛亮没有回答。

这个月，诸葛亮在军中去世，长史杨仪整顿军队而退。百姓跑着去报告司马懿，司马懿追赶汉军。姜维命令杨仪调转战旗方向，擂响战鼓，像是即将对司马懿进攻。司马懿收军后退，不敢向前逼进。于是杨仪结阵离去，进入斜谷之后才发丧。百姓为此事编了一句谚语说：“死诸葛亮吓走活仲达。”司马懿听到后笑着说：“这是我能够意料诸葛亮活着，不能料想诸葛亮已死的缘故。”

假刀杀帝（卷七十七◎魏纪九）

【原文】

魏元帝景元元年（庚辰，公元260年）

帝见威权日去，不胜其忿。五月，己丑，召侍中王沈、尚书王经、散骑常侍王业，谓曰："司马昭之心，路人所知也。吾不能坐受废辱，今日当与卿自出讨之。"王经曰："昔鲁昭公不忍季氏，败走失国，为天下笑。今权在其门，为日久矣，朝廷四方皆为之致死，不顾逆顺之理，非一日也。且宿卫空阙，兵甲寡弱，陛下何所资用；而一旦如此，无乃欲除疾而更深之邪！祸殆不测，宜见重详。"帝乃出怀中黄素诏投地曰："行之决矣！正使死何惧，况不必死邪！"于是入白太后。沈、业奔走告昭，呼经欲与俱，经不从。帝遂拔剑升辇，率殿中宿卫苍头官僮鼓噪而出。昭弟屯骑校尉伷遇帝于东止车门，左右呵之，伷众奔走。中护军贾充自外入，逆与帝战于南阙下，帝自用剑。众欲退，骑督

魏元帝曹奂

成倅弟太子舍人济问充曰："事急矣，当云何？"充曰："司马公畜养汝等，正为今日。今日之事，无所问也！"济即抽戈前刺帝，殒于车下。昭闻之，大惊，自投于地。太傅孚奔往，枕帝股而哭，甚哀，曰："杀陛下者，臣之罪也！"

【译文】

魏元帝景元元年（庚辰，公元260年）

魏帝见自己的权力威势日渐削弱，感到不胜忿恨。五月，己丑（初七），召见侍中王沈、尚书王经、散骑常侍王业，对他们说："司马昭的野心，连路上的行人都知道。我不能坐等被废黜的耻辱，今日我将亲自与你们一起出去讨伐他。"王经说："古时鲁昭公因不能忍受季氏的专权，讨伐失败而出走，丢掉了国家，被天下人所耻笑。如今权柄掌握在司马昭之手已经很久了，朝廷内以及四方之臣都为他效命而不顾逆顺之理，也不是一天了。而且宫中宿卫空缺，兵力十分弱小，陛下凭借什么？而您一旦这

司马昭

样做，不是想要除去疾病却反而使病更厉害了吗？祸患恐怕难以预测，应该重新加以详细研究。”魏帝这时就从怀中拿出黄绢诏书扔在地上说：“这样做已经决定了！纵然死了又有什么可怕的，何况不一定会死呢！”说完就进内宫禀告太后。王沈、王业跑出去告诉司马昭，想叫王经与他们一起去，但王经不去。魏帝随即拔出剑登辇，率领殿中宿卫和奴仆们呼喊着出了宫。司马昭的一个任屯骑校尉的弟弟司马伷在东止车门遇到魏帝，魏帝左右的人怒声呵斥他们，他们都吓得逃走了。中护军贾充从外而入，迎面与魏帝战于南面宫阙之下，魏帝亲自用剑拼杀。众人想要退却，骑督成倅之弟太子舍人成济问贾充说：“事情紧急了，你说怎么办？”贾充说：“司马公养你们这些人，正是为了今日。今日之事，没什么可问的！”于是成济立即抽出长戈上前刺杀魏帝，把他杀死于车下。司马昭闻讯大惊，自己跪倒在地上。太傅司马孚奔跑过去，把魏帝的头枕在自己的腿上哭得十分悲哀，哭喊着说：“陛下被杀，是我的罪过啊！”

南北对峙

闻鸡起舞（卷八十八◎晋纪十）

【原文】

晋愍帝建兴元年（癸酉，公元313年）

初，范阳祖逖，少有大志，与刘琨俱为司州主簿。同寝，中夜闻鸡鸣，蹴琨觉曰："此非恶声也！"因起舞。及渡江，左丞相睿以为军咨祭酒。逖居京口，纠合骁健，言于睿曰："晋室之乱，非上无道而下怨叛也，由宗室争权，自相鱼肉，遂使戎狄乘隙，毒流中土。今遗民既遭残贼，人思自奋，大王诚能命将出师，使如逖者统之以复中原，郡国豪杰，必有望风响应者矣！"睿素无北伐之志，以逖为奋威将军、豫州刺史，给千人廪，布三千匹，不给铠仗，使自召募。逖将其部曲百余家渡江，中流，击楫而誓曰："祖逖不能清中原而复济者，有如大江！"遂屯淮阴，起冶铸兵，募得二千

晋元帝司马睿

余人而后进。

【译文】

晋愍帝建兴元年（癸酉，公元313年）

当初，范阳人祖逖，年轻时就志向远大，曾与刘琨一起担任司州的主簿，与刘琨同寝，夜半时听到鸡鸣，他踢醒刘琨，说："这不是令人厌恶的声音。"就起床舞

闻鸡起舞

剑。渡江以后，左丞相司马睿让他担任军咨祭酒。祖逖住在京口，聚集起骁勇强健的壮士，对司马睿说："晋朝的变乱，不是因为君主无道而使臣下怨恨叛乱，而是皇亲宗室之间争夺权力，自相残杀，这就使戎狄之人钻了空子，祸害遍及中原。现在晋朝的遗民遭到摧残伤害后，大家都想着自强奋发，如果大王您确实能够派遣将领率兵出师，使像我一样的人统领军队来光复中原，各地的英雄豪杰一定会有闻风响应的人！"司马睿一直没有北伐的志向，他听了祖逖的话以后，就任命祖逖为奋威将军、豫州刺史，仅仅拨给他千人的口粮，三千匹布，不供给兵器，让祖逖自己想办法募集。祖逖带领自己私家的部曲共一百多户人家渡过长江，在长江中流敲打着船桨说："祖逖如果不能光复中原，就像大江一样有去无回！"于是到淮阴驻扎，建造熔炉，冶炼铸造兵器，又招募了二千多人，然后继续前进。

东山再起（一百零一卷◎晋纪二十三）

【原文】

晋穆帝升平四年（庚申，公元360年）

谢安少有重名，前后征辟，皆不就，寓居会稽，以山水、文籍自娱。虽为布衣，时人皆以公辅期之，士大夫至相谓曰："安石不出，当如苍生何！"安每游东山，常以妓女自随。司徒昱闻之，曰："安石既与人同乐，必不得不与人同忧，召之必至。"安妻，刘惔之妹也，见家门贵盛而安独静退，谓曰："丈夫不如此也！"安掩鼻曰："恐不免耳。"及弟万废黜，安始有仕进之志，时已年四十余。征西大将军桓温请为司马，安乃赴召，温大喜，深礼重之。

谢安

【译文】

晋穆帝升平四年（庚申，公元360年）

谢安从小就有重名，朝廷前后多次征召，他都不就任，闲居在会稽，以山水、文献典籍自以为乐。虽然身为布衣百姓，但时人都对他寄予三公和相辅的期望，士大夫们在一起议论说：“谢安不出山，天下百姓该怎么办！”谢安每次游览东山，总是让歌妓舞女跟随。司徒司马昱听说后说：“谢安既然能够与人同乐，就一定不会不与人同忧，征召他一定会就任。”谢安的妻子是刘惔的妹妹，她看到谢安家族门庭显盛，而谢安却自甘寂寞不思进取，就对谢安说：“大丈夫不应该如此么？”谢安用手掩着鼻子回答说：“我倒是正怕难以逃脱兄弟们的命运。”等到弟弟谢万被废黜以后，谢安才有了进身仕途的志向，当时已经四十多岁了。征西大将军桓温向朝廷请求让他做司马，谢安就应召就任，桓温十分高兴，以礼相待，十分看重他。

淝水之战（卷一百零五◎晋纪二十七）

【原文】

晋孝武帝太元八年（癸未，公元383年）

秦兵逼肥水而陈，晋兵不得渡。谢玄遣使谓阳平公融曰："君悬军深入，而置陈逼水，此乃持久之计，非欲速战者也。若移陈少却，使晋兵得渡，以决胜负，不亦善乎！"秦诸将皆曰："我众彼寡，不如遏之，使不得上，可以万全。"坚曰："但引兵少却，使之半渡，我以铁骑蹙而杀之，蔑不胜矣！"融亦以为然，遂麾兵使却。秦兵遂退，不可复止，谢玄、谢琰、桓伊等引兵渡水击之。融驰骑略陈，欲以帅退者，马倒，为晋兵所杀，秦兵遂溃。玄等乘胜追击，至于青冈。秦兵大败，自相蹈藉而死者，蔽野塞川。其走者闻风声鹤唳，皆以为晋兵且至，昼夜不敢息，草行露宿，重以饥冻，死者什七八。初，秦兵少却，朱序在陈后呼曰："秦兵败矣！"众遂大奔。序因与张天锡、徐元喜皆来奔。获秦王坚所乘云母车及仪服、器械、军资、珍宝、畜产不可胜计。复取寿阳，执其淮南太守郭褒。

【译文】

晋孝武帝太元八年（癸未，公元383年）

前秦的军队迫近淝水而布阵，东晋的军队无法渡过。

谢玄派使者对阳平公苻融说：“您孤军深入，然而却迫近淝水部署军阵，这是长久相持的策略，不是想迅速交战的办法。如果能移动兵阵稍微后撤，让晋朝的军队得以渡河，以决胜负，不也是很好的事情吗？”前秦众将领都说：“我众敌寡，不如遏制他们，使他们不能上岸，这样可以万无一失。”苻坚说：“只带领兵众稍微后撤一点，让他们渡河渡到一半，我们再出动铁甲骑兵奋起攻杀，没有不胜的道理！”苻融也认为可以，于是就挥舞战旗，指挥兵众后退。前秦的军队一退就不可收拾。谢玄、谢琰、桓伊等率领军队渡过河攻击他们。苻融驰马巡视军阵，想来率领退逃的兵众，结果战马倒地，苻融被东晋的士兵杀掉，前秦的军队就崩溃了。谢玄等乘胜追击，一直追到青冈。前秦的军队大败，自相践踏而死的人遮蔽山野、堵塞山川。逃跑的人听到刮风的声音和鹤的鸣叫声，都以为是东晋的军队将要来到，昼夜不敢停歇，慌不择路，风餐露宿，冻饿交加，死亡的人十有七八。当初，前秦的军队稍微后撤时，朱序在军阵后面高声呼喊：“秦军失败了！”兵众们听到后就狂奔乱逃。朱序乘机与张天锡、徐元喜都来投奔东晋。这一仗缴获了前秦王苻坚所乘坐的装饰着云母的车乘以及仪服、器械、军资、珍宝、物产不计其数。又攻取了寿阳，抓获了前秦的淮南太守郭褒。

孝文改革（卷一百三十六◎齐纪二）

【原文】

齐武帝永明三年（乙丑，公元485年）

冬，十月，丁未，诏遣使者循行州郡，与牧守均给天下之田：诸男夫十五以上受露田四十亩，妇人二十亩，奴婢依良丁；牛一头，受田三十亩，限止四牛。所授之田，率倍之；三易之田，再倍之，以供耕作及还受之盈缩。人年及课则受田，老免及身没则还田。奴婢、牛随有无以还受。初受田者，男夫给二十亩，课种桑五十株；桑田皆为世业，身终不还。恒计见口，有盈者无受无还，不足者受种如法，盈者得卖其盈。诸宰民之官，各随近给公田有差，更代相付；卖者坐如律。

北魏孝文帝

【译文】

齐武帝永明三年（乙丑，公元485年）

冬季，十月，丁未（十三日），孝文帝下诏派遣使者分别去各州郡，与各州郡牧守一同推行均田制：十五岁以上

的男子，每人可以得到四十亩没有种树的农田，女子每人二十亩；奴仆婢女，按照一般成年人所配给田地的待遇分

龙门石窟 北魏在以平城（今山西大同）为都城时，开凿了云冈石窟。孝文帝迁都洛阳后，又开凿了龙门石窟。云冈石窟和龙门石窟都是中国古代雕塑艺术的瑰宝。

配土地；一头牛可得到三十亩农田，但以四头牛为限。所配给的农田，如果是隔一年才耕种一次的贫瘠田地，增加一倍；如果是隔两年才能耕种一次的田地，增加两倍，以此供耕种和还田、受田增加减少的需要。百姓到了应该纳赋的年龄，就分配给土地，年纪已老以及去世之后，土地归还官府。对于奴婢和耕牛，根据奴婢和耕牛数量多少，决定还田或受田。初次受田的人，男子给田二十亩，规定种五十棵桑树；种了桑树的土地，都是世代经营管理，死了以后也不用缴回官府。官府应经常统计人口情况，对土地有盈余的农家，不受田也不令他还田；对土地不够的农家，则依照法令增加配给；世代经营的田地，有盈余的人家，可以自由出售。各地地方官就在官府附近按照等级配给一份公田，地方官更换时，要把这份公田移交给接任的官员；如果私自卖掉公田，按照法律追究定罪。

【原文】

齐武帝永明四年（丙寅，公元486年）

春，正月，癸亥朔，魏高祖朝会，始服衮冕。

……

魏无乡党之法，唯立宗主督护；民多隐冒，三五十家始为一户。

……

甲戌，初立党、里、邻三长，定民户籍。民始皆愁苦，豪强者尤不愿。既而课调省费十余倍，上下安之。

【译文】

齐武帝永明四年（丙寅，公元486年）

春季，正月，癸亥朔（初一），北魏孝文帝召集百官朝见时，开始穿戴汉族皇帝的礼服和冕旒。

……

北魏没有地方基层行政组织法规，只有大家族的宗主来监督地方行政事务。老百姓大多隐瞒或假冒别人的户籍，有时三五十家才有一个户口。

……

甲戌（十三日），开始建立党长、里长、邻长制度，重新核定百姓的户籍。老百姓开始时为此都愁苦不安，豪强士族们尤其反对。不久，赋税的征收额减少到过去的十几分之一，豪强、百姓才安下心来。

一统归隋（卷一百七十七◎隋纪一）

【原文】

隋文帝开皇九年（己酉，公元589年）

春，正月，乙丑朔，陈主朝会群臣，大雾四塞，入人鼻，皆辛酸，陈主昏睡，至晡时乃寤。

是日，贺若弼自广陵引兵济江。先是弼以老马多买陈船而匿之，买弊船五六十艘，置于渎内。陈人觇之，以为内国无船。弼又请缘江防人每交代之际，必集广陵，于是大列旗帜，营幕被野，陈人以为隋兵大至，急发兵为备，既知防人交代，其众复散；后以为常，不复设备。又使兵缘江时猎，人马喧噪。故弼之济江，陈人不觉。韩擒虎将五百人自横江宵济采石，守者皆醉，遂克之。晋王广帅大军屯六合镇桃叶山。

【译文】

隋文帝开皇九年（己酉，公元589年）

春季，正月，乙丑朔（初一），陈朝举行元旦朝会，陈后主朝会百官时，大雾弥漫，吸入鼻孔，感到又辣又酸，陈后主昏睡过去，一直到下午申时左右才醒过来。

这一天，隋吴州总管贺若弼从广陵统帅军队渡过长江。起先，贺若弼卖掉军中老马，大量购买陈朝的船只，并把这些船只藏匿起来，然后又购买了破旧船只五六十艘，停泊在小河内。陈朝派人暗中窥探，认为中原没有船只。贺若弼又请求让沿江防守的兵士每当轮换交接的时候，都一定要聚集广陵，于是隋军大举旗帜，营幕遍野，陈朝以为是隋朝大军来到，便急忙调集军队加强戒备，后来知道是隋朝士卒换防交接，就将已聚集的军队解散；后来陈朝对此已习以为常，就不再加强戒备。贺若弼又时常派遣军队沿江打猎，人欢马叫。所以贺若弼渡江时，陈朝守军竟没有发觉。庐州总管韩擒虎也率领将士五百人从横江浦夜渡采石，陈朝守军全都喝醉了酒，隋军轻而易举就攻下了采石。晋王杨广统率大军驻扎在六合镇桃叶山。

【原文】

贺若弼乘胜至乐游苑，鲁广达犹督余兵苦战不息，所杀获数百人，会日暮，乃解甲，面台再拜恸哭，谓众曰："我身不能救国，负罪深矣！"士卒皆流涕歔欷，遂就擒。诸门卫皆走，弼夜烧北掖门入，闻韩擒虎已得陈叔宝，呼视之，叔宝惶惧，流汗股栗，向弼再拜。弼谓之曰："小国之君当大国之卿，拜乃礼也。入朝不

陈后主

失作归命侯，无劳恐惧。”既而耻功在韩擒虎后，与擒虎相询，挺刃而出；欲令蔡征为叔宝作降笺，命乘骡车归己，事不果。弼置叔宝于德教殿，以兵卫守。

高颎先入建康，颎子德弘为晋王广记室，广使德弘驰诣颎所，令留张丽华，颎曰：“昔太公蒙面以斩妲己，今岂可留丽华！”乃斩之于青溪。德弘还报，广变色曰：“昔人云，‘无德不报’，我必有以报高公矣！”由是恨颎。

丙戌，晋王广入建康，以施文庆受委不忠，曲为谄佞以蔽耳目，沈客卿重赋厚敛以悦其上，与太市令阳慧朗、刑法监徐析、尚书都令史暨慧景皆为民害，斩于石阙下，以谢三吴。使高颎与元帅府记室裴矩收图籍，封府库，资财一无所取，天下皆称广，以为贤。

【译文】

隋将贺若弼率军乘胜进至乐游苑，陈朝都督鲁广达仍督率残兵败将苦战不止，共杀死俘虏隋军数百人，赶上天色近晚，鲁广达方才放下武器，面向台城拜了三拜，忍不住失声痛哭，对部下说：“我没有能够拯救国家，负罪深重！”部下士兵也都痛哭流涕，于是被隋军俘获。台城的宫门卫士都四散逃走，贺若弼率军在夜间焚烧北掖门而进入皇宫，得知韩擒虎已抓住了陈叔宝，就把他叫来亲自查看，陈叔宝非常害怕，汗流浃背，浑身战栗，向贺若弼跪拜叩头。贺若弼对他说：“小国的君主见了大国的公卿大臣，按照礼节应该跪拜。阁下到了隋朝仍不失封为归命侯，所以不必恐惧。”过后，贺若弼因耻于功在韩擒虎之后，与韩擒虎争吵辱骂，随后怒气冲冲地拔刀而出，想令陈朝前吏部尚书蔡征为陈叔宝起草降书，又下令陈后主乘坐骡车归附自己，但没有实现。于是贺若弼将陈后主置于德教殿内，派兵守卫。

高颎先进入建康，当时高颎的儿子高德弘是晋王府记室参军，杨广就派他驰马来见高颎，传令留下张丽华，高颎说：“古时候姜太公吕尚蒙面斩了殷纣王的宠姬妲己，今天岂能留下张丽华！”便将张丽华斩于青溪。高德弘回来报告杨广，杨广脸色大变说：“古人云，‘无德不报’。我一定有办法回报高公！”因此杨广忌恨高颎。

丙戌（二十二日），晋王杨广进入建康，认为陈朝中书舍人施文庆接受委命，却不忠心国事，反而谄媚为奸，以蒙蔽天子耳目；前中书舍人沈客卿重赋厚敛，盘剥百姓，以博取天子的欢心；与太市令阳慧朗、刑法监徐析、尚书都令史暨慧景等人都是祸国害民的奸臣，一并斩于石阙之下，以谢三吴地区百姓。杨广又让高颎和元帅府记室参军裴矩一道收缴南陈地图和户籍，封存国家府库，金银财物一无所取，因此，天下都称颂杨广，认为他贤明。

隋唐盛世

杨广夺宠（卷一百七十九◎隋纪三）

【原文】

隋文帝开皇二十年（庚申，公元600年）

初，上使太子勇参决军国政事，时有损益，上皆纳之。勇性宽厚，率意任情，无矫饰之行。上性节俭，勇尝文饰蜀铠，上见而不悦，戒之曰："自古帝王未有好奢侈而能久长者。汝为储后，当以俭约为先，乃能奉承宗庙。吾昔日衣服，各留一物，时复观之以自警戒。恐汝以今日皇太子之心忘昔时之事，故赐汝以我旧所带刀一枚，并菹酱一合，汝昔作上士时常所食也。若存记前事，应知我心。"

后遇冬至，百官皆诣勇，勇张乐受贺。上知之，问朝臣曰："近闻至日内外百官相帅朝东宫，此何礼也？"太常少卿辛亶对曰："于东宫，乃贺也，不得言朝。"上曰："贺者正可三数十人，随情各去，何乃有司征召，一时普集！太子法服设乐以待之，可乎？"因下诏曰："礼有等差，君臣不杂。皇太子虽居上嗣，义兼臣子，而诸方岳牧正冬朝贺，任土作贡，别上东宫；事非典则，宜悉停断。"自是恩宠始衰，渐生猜阻。

【译文】

隋文帝开皇二十年（庚申，公元600年）

当初，隋文帝让太子杨勇参与决策军国政事，他经常提出批评建议，文帝都采纳了。杨勇性情宽厚，直率热情，平易近人，无弄虚作假的品行。文帝本性崇尚节俭，杨勇曾经在蜀地出的已经很精美华丽的铠甲上再加装饰，文帝看到后很不高兴，他告诫杨勇说："自古以来帝王无一喜好奢侈而能长久的，你作为皇位继承人，应当以节俭为先，这样才能承继宗庙。我过去的衣服，都各留一件，时常取出它们观看以告诫自己。恐怕你已经以当今皇太子自居而忘却了过去的事情，因此我赐给你一把我旧时所佩带的刀，一盒你旧日为上士时常常吃的腌菜。要是你还能记得以前的事，你就应该懂得我的良苦用心。"

后来到了冬至，百官都去见杨勇，杨勇排列乐队接受百官的祝贺。文帝知道了这件事，就问朝臣："最近听说冬至那天朝廷内外百官都去朝见太子，这是什么礼法？"太常少卿辛亶回答："百官到东宫，是祝贺，不能说是朝见。"文帝说："祝贺的人应该三五十人，随意各自去，为什么由有关部门召集，一时间百官都集中起来同去？太子身穿礼服，奏乐来接待百官，能这样吗？"于是文帝下诏说："礼法有等级差别，君臣之间不能混杂。皇太子虽然是皇帝的继承人，但从礼义上讲也是臣子，各地方长官在冬至节来朝贺，进献自己辖地的特产，但另外给皇太子上贡，这就不符合典章制度了，应该全部停止。"从此，文帝对杨勇的恩宠开始衰落，渐渐有了猜疑和戒心。

【原文】

勇多内宠，昭训云氏尤幸。其妃元氏无宠，遇心疾，二日而薨，独孤后意有他故，甚责望勇。自是云昭训专内政，生长宁王俨、平原王裕、安成王筠；高良娣生安平王嶷、襄城王恪；王良媛生高阳王该、建安王韶；成姬生颍川王煚；后宫生孝实、孝范。后弥不平，颇遣人伺察，求勇过恶。

晋王广弥自矫饰，唯与萧妃居处，后庭有子皆不育，后由是数称广贤。大臣用事者，广皆倾心与交。上及后每遣左右至广所，无贵贱，广必与萧妃迎门接引，为设美馔，申以厚礼；婢仆往来者，无不称其仁孝。上与后尝幸其第，广悉屏匿美姬于别室，唯留老丑者，衣以缦彩，给事左右；屏帐改用缣素；故绝乐器之弦，不令拂去尘埃。上见之，以为不好声色，还宫，以语侍臣，意甚喜，侍臣皆称庆，由是爱之特异诸子。

【译文】

杨勇有很多姬妾，他对昭训云氏尤其宠爱。杨勇的妃子元氏不得宠，突然得了心疾，两天就死了。独孤皇后认为这里还有别的缘故，对杨勇很是责备。此后，云昭训总揽东宫内的事务，她生了长宁王杨俨、平原王杨裕、安成王杨筠；高良娣生了安平王杨嶷、襄城王杨恪；王良媛生了高阳王杨该、建安王杨韶；成姬生了颍川王杨煚；其他的宫人生了杨孝实、杨孝范。独孤皇后更加不高兴，经常派人来窥视探查，找杨勇的过失和罪过。

晋王杨广了解这件事后就更加伪装自己，他只和萧妃住在一起，对后宫所生子女都不去抚育，独孤皇后因此多次称赞杨广有德行。朝廷中执掌朝政的重臣，杨广都尽心竭力地与他们结交。文帝和独孤皇后每次派身边的人到杨广的住处，无论来人的地位高低，杨广必定和萧妃一起在门口迎接，为来人摆设盛宴，并厚赠礼品。于是来往的奴婢仆人没有不称颂杨广为人仁爱贤孝的。文帝与独孤皇后曾经驾临杨广的府第，杨广将他的美姬都藏到别的房间里，只留下年老貌丑之人，身着没有文饰的衣服来服侍伺候。房间里的屏帐都改用朴素的幔帐，断绝琴瑟丝弦，不让拂去上面的灰尘。文帝看到这种情况，以为杨广不爱好声色，返回皇宫后，告诉侍臣这一情况，看上去非常高兴，侍臣们也都向文帝祝贺。从此，文帝喜爱杨广超出别的儿子。

隋炀帝

【原文】

上密令善相者来和遍视诸子，对曰："晋王眉上双骨隆起，贵不可言。"上又问上仪同三司韦鼎："我诸儿谁得嗣位？"对曰："至尊、皇后所最爱者当与之，非臣敢预知也。"上笑曰："卿不肯显言邪！"

晋王广美姿仪，性敏慧，沉深严重；好学，善属文；敬接朝士，礼极卑屈；由是声名籍甚，冠于诸王。

【译文】

文帝命令善于看相的来和暗中把他的儿子们都看了一遍，来和回答："晋王杨广眉上有双骨隆起，贵不可言。"文帝又问上仪同三司韦鼎："我这些儿子，哪个可以继承皇位？"韦鼎回答："陛下和皇后最喜爱的儿子应当继承皇位，这不是我敢预知的。"文帝笑道："你不肯明说呀！"

晋王杨广容貌俊美，举止优雅，性情聪颖机敏，性格深沉持重；他喜好学习，擅长作文章，对朝中之士恭敬结交，待人非常礼貌谦卑，因此他的声誉很盛，高于文帝其他的儿子。

李渊兴兵（卷一百八十四◎隋纪八）

【原文】

隋恭帝义宁元年（丁丑，公元617年）

渊之起兵也，留守官发其坟墓，毁其五庙。至是，卫文升已卒。戊午，执阴世师、骨仪等，数以贪婪苛酷，且拒义师，俱斩之，死者十余人，余无所问。

马邑郡丞三原李靖，素与渊有隙，渊入城，将斩之，靖大呼曰："公兴义兵，欲平暴乱，乃以私怨杀壮士乎？"世民为之固请，乃舍之。世民因召置幕府。靖少负志气，有文武才略，其舅韩擒虎每抚之曰："可与言将帅之略者，独此子耳！"

唐高祖李渊

【译文】

隋恭帝义宁元年（丁丑，公元617年）

李渊起兵后，留守官吏挖掘他家的坟墓，毁掉他家的五庙。到这时，卫文升已去世。戊午（十一日），李渊将阴世师、骨仪等人抓起来，历数他们的贪婪苛酷，以及抗拒义师的罪行，将他们全部处死，一共处死了十余人，其余的人不予追究。

马邑郡丞三原人李靖，平素就与李渊有矛盾，李渊入城，要杀掉李靖，李靖大喊道："你兴义兵，想要平息暴乱，怎么能因为私怨而杀壮士呢？"李世民替他再三请求，李渊才放了李靖。李世民就将李靖安排在自己的幕府里。李靖从小就有抱负有志气，又有文才武略，他舅舅韩擒虎常常抚摸着他说："能够和我谈论将帅谋略的人，只有这个孩子！"

深宫暗斗（卷一百九十◎唐纪六）

【原文】

唐高祖武德五年（壬午，公元622年）

上之起兵晋阳也，皆秦王世民之谋，上谓世民曰："若事成，则天下皆汝所致，当以汝为太子。"世民拜且辞。及为唐王，将佐亦请以世民为世子，上将立之，世民固辞而止。太子建成，性宽简，喜酒色游畋；齐王元吉，多过失；皆无宠于上。世民功名日盛，上常有意以代建成，建成内不自安，乃与元吉协谋，共倾世民，各引树党友。

上晚年多内宠，小王且二十人，其母竞交结诸长子以自固。建成与元吉曲意事诸妃嫔，谄谀赂遗，无所不至，以求媚于上……世民独不奉事诸妃嫔，诸妃嫔争誉建成、元吉而短世民。

【译文】

唐高祖武德五年（壬午，公元622年）

高祖李渊在晋阳起兵，都是秦王李世民的计谋，高祖对李世民说："如果事业成功，那么天下都是你带来的，该立你为太子。"李世民拜谢并推辞。待到高祖成为唐王，将领们也请求以李世民为世子，高祖准备立他，李世民坚决推辞才作罢。太子李建成性情松缓惰慢，喜欢饮酒，贪恋女色，爱打猎；齐王李元吉，常有过错，均不受高祖宠爱。李世民功勋名望日增，高祖常常有意让他取代李建成为太子，李建成心中不安，于是与李元吉共同谋划，一起排挤李世民，他们各自交结建立自己的党羽。

高祖晚年宠幸的妃嫔很多，有近二十位小王子，他们的母亲争相交结各位年长的王子来巩固自己的地位。李建成和李元吉都曲意侍奉各位妃嫔，奉承献媚、贿赂、馈赠，无所不用，以求得皇上的宠爱……唯有李世民不去讨好诸位妃嫔，诸妃嫔争相称赞李建成、李元吉而诋毁李世民。

【原文】

世民平洛阳，上使贵妃等数人诣洛阳选阅隋宫人及收府库珍物。贵妃等私从世民求宝货及为其亲属求官，世民曰：“宝货皆已籍奏，官当授贤才有功者。”皆不许，由是益怨。世民以淮安王神通有功，给田数十顷。张婕妤之父因婕妤求之于上，上手敕赐之，神通以教给在先，不与。婕妤诉于上曰：“敕赐妾父田，秦王夺之以与神通。”上遂发怒，责世民曰：“我手敕不如汝教邪！”他日，谓左仆射裴寂曰：“此儿久典兵在外，为书生所教，非复昔日子也。”尹德妃父阿鼠骄横，秦王府属杜如晦过其门，阿鼠家童数人曳如晦坠马，殴之，折一指，曰：“汝何人，敢过我门而不下马！”阿鼠恐世民诉于上，先使德妃奏云：“秦王左右陵暴妾家。”上复怒责世民曰：

"我妃嫔家犹为汝左右所陵，况小民乎！"世民深自辩析，上终不信。

世民每侍宴宫中，对诸妃嫔，思太穆皇后早终，不得见上有天下，或歔欷流涕，上顾之不乐。诸妃嫔因密共谮世民曰："海内幸无事，陛下春秋高，唯宜相娱乐，而秦王每独涕泣，正是憎疾妾等，陛下万岁后，妾母子必不为秦王所容，无孑遗矣！"因相与泣，且曰："皇太子仁孝，陛下以妾母子属之，必能保全。"上为之怆然。由是无易太子意，待世民浸疏，而建成、元吉日亲矣。

【译文】

李世民平定洛阳，高祖让贵妃等几人到洛阳挑选隋朝宫女和收取仓库里的珍宝。贵妃等人私下向李世民要宝物并为自己的亲戚求官，李世民回答说："宝物都已经登记在册上报朝廷了，官位应当授予贤德有才能和有功劳的人。"没有答应她们的任何要求，因此妃嫔们更加恨他。李世民因为淮安王李神通有功，拨给他几十顷田地。张婕妤的父亲通过张婕妤向高祖请求要这些田，高祖手写敕令将这些田赐给他，李神通因为秦王的教在先，

（唐）青瓷马镫壶

不让田。张婕妤向高祖告状道："皇上下令赐给我父亲的田地，被秦王夺去给了神通。"高祖因此发怒，责备李世民说："难道我的手敕不如你的教吗？"过了几天，高祖对左仆射裴寂说："这孩子长期在外掌握军队，受书生们教唆，已经不再是原来的那个儿子了。"尹德妃的父亲尹阿鼠骄横跋扈，秦王府的官员杜如晦经过他的门前，尹阿鼠的几名家童把杜如晦拽下马，揍了他一顿并打断了他一根手指，说道："你是什么人，胆敢过我的门前不下马！"尹阿鼠怕李世民告诉皇上，先让尹德妃对皇上说："秦王的亲信欺侮我家人。"高祖又生气地责备李世民说："我的妃嫔家都受你身边的人欺凌，何况是小老百姓！"李世民反复为自己辩解，但高祖始终不相信他。

李世民每次在宫中侍奉高祖宴饮，面对诸位妃嫔，想起母亲太穆皇后死得早，没能看到高祖拥有天下，有时不免叹气流泪，高祖看到后很不高兴。各位妃嫔趁机暗中一同诋毁李世民道："天下幸好平安无事，陛下年寿已高，正适合娱乐娱乐，而秦王总是一个人流泪，这实际上是憎恨我们，陛下作古后，我们母子必定不为秦王所容，会被杀得一个不留！"因此相互对着流泪，并且说："皇太子仁爱孝顺，陛下将我们母子托付给太子，必然能获得保全。"高祖也为此很伤心。从此高祖打消了改立太子的念头，对李世民逐渐疏远，而对李建成、李元吉却日益亲密了。

玄武之变（卷一百九十一◎唐纪七）

【原文】

唐高祖武德九年（丙戌，公元626年）

（六月）庚申，世民帅长孙无忌等入，伏兵于玄武门。张婕妤窃知世民表意，驰语建成。建成召元吉谋之，元吉曰："宜勒宫府兵，托疾不朝，以观形势。"建成曰："兵备已严，当与弟入参，自问消息。"乃俱入，趣玄武门。上时已召裴寂、萧瑀、陈叔达等，欲按其事。

建成、元吉至临湖殿，觉变，即跋马东归宫府。世民从而呼之，元吉张弓射世民，再三不彀，世民射建成，杀之。尉迟敬德将七十骑继至，左右射元吉坠马。世民马逸入林下，为木枝所挂，坠不能起。元吉遽至，夺弓将扼之，敬德跃马叱之。元吉步欲趣武德殿，敬德追射，杀之。翊卫车骑将军冯翊冯立闻建成死，叹曰："岂有生受其恩而死逃其难乎！"乃与副护军薛万彻、屈咥直府左车骑万年谢叔方帅东宫、齐府精兵二千驰趣玄武门。张公谨多力，独闭关以拒之，不得入。云麾将军敬君弘掌宿卫兵，屯玄武门，挺身出战，所亲止之曰："事未可知，且徐观变，俟兵集，成列而战，未晚也。"君弘不从，与中郎将吕世衡大呼而进，皆死之。君弘，显隽之曾孙也。守门兵与万彻等力战良久，万彻鼓噪欲攻秦府，将士大惧；尉迟敬德持建成、元吉首示之，宫府兵遂溃。万彻与数十骑亡入终南山。冯立既杀敬君弘，谓其徒曰："亦足以少报太子矣！"遂解兵，逃于野。

【译文】

唐高祖武德九年（丙戌，公元626年）

（六月）初四，李世民率领长孙无忌等人入朝，将兵力埋伏在玄武门。张婕妤暗中得知了李世民上表的大意，急忙前去告诉李建成。李建成将李元吉叫来商议此事，李元吉说："我们应当统率好东宫与齐王府中的军队，托称有病，不去上朝，以便观察形势。"李建成说："军队的防备已很严密了，我与你应当入朝参见，亲自打听消息。"于是，二人一起入朝，向着玄武门走来。当时，高祖已经将裴寂、萧瑀、陈叔达等人召集前来，准备查验这件事情了。

李建成与李元吉来到临湖殿的时候，察觉到发生了变故，立即勒转马头，准备向东返回东宫和齐王府。李世民跟在后面招呼他们，李元吉拉开弓射李世民，一连两三次，都没有将弓拉满，李世民箭射李建成，却将他射死了。尉迟敬德带领骑兵七十人相继赶到，他身边的将士将李元吉射下马来。李世民的坐骑奔入树林，被树枝挂住，倒在地上不能起来。李元吉迅速赶到，夺过弓来，准备掐死李世民，尉迟敬德跃马奔来大声呵斥他。李元吉打算步行前往武德殿，尉迟敬德追着射他，将他射死了。翊卫车骑将军冯翊冯立得知李建成死去的消息以后，叹息说："难道能够人家活着时蒙受人家的恩惠，人家一死便逃避人家的祸难吗？"于是，他与副护军薛万彻、屈咥直府左车骑万年谢叔方率领东宫和齐王府的精锐兵马两千人，急驰玄武门。张公谨力大过人，他独自关闭了大门，挡住冯立等人，冯立等人无法进入。云麾将军敬君弘掌管着宿卫军，驻扎在玄武门。他挺身而起，准备出战，与他亲近的人阻止他说："事情未见分晓，姑且慢慢观察事态的发展变化，等到兵力集合起来，结成阵列再出战，也是为时不晚的啊。"敬君弘不肯听从，便与中郎将吕世衡大声呼喊着奔向前去，结果全部战死。敬君弘是敬显隽的曾孙。把守玄武门的士兵与薛万彻等人奋力交战，持续了很长时间，薛万彻擂着鼓，呼喊着，准备进攻秦王府，将士们大为恐惧。这时，尉迟敬德提着李建成和李元吉的头颅，给薛万彻等人看，东宫和齐王府的人马因而溃散，薛万彻与骑兵数十人逃进终南山。冯立杀死敬君弘以后，对手下人说："这也足够略微报答太子了。"于是，他丢掉兵器，落荒而逃。

【原文】

上方泛舟海池，世民使尉迟敬德入宿卫，敬协擐甲持矛，直至上所。上大惊，问曰："今日乱者谁邪？卿来此何为？"对曰："秦王以太子、齐王作乱，举兵诛之，恐惊动陛下，遣臣宿卫。"上谓裴寂等曰："不图今日乃见此事，当如之何？"萧瑀、陈叔达曰："建成、元吉本不预义谋，又无功于天下，疾秦王功高望重，共为奸谋。今秦王已讨而诛之，秦王功盖宇宙，率土归心，陛下若处以元良，委之国务，无复事矣！"上曰："善！此吾之夙心也。"时宿卫及秦府兵与二宫左右战犹未已，敬德请降手敕，令诸军并受秦王处分，上从之。天策府司马宇文士及自东上阁门出宣敕，众然后定。上又使黄门侍郎裴矩至东宫晓谕诸将卒，皆罢散。上乃召世民，抚之曰："近日以来，几有投杼之惑。"世民跪而吮上乳，号恸久之。

【译文】

高祖正在海池划船。李世民让尉迟敬德入宫担任警卫，尉迟敬德身披铠甲，手握长矛，径直来到高祖所在的地方。高祖极为震惊，便问他说："今天作乱的人是谁呀？你到这里来做什么？"尉迟敬德回答说："由于太子和齐王作乱，秦王起兵诛杀了他们。秦王担心惊动陛下，便派我担任警卫。"高祖对裴寂等人说："不料今天竟然会出现这种事情，你们认为应当怎么办呢？"萧瑀和陈叔达说："李建成与李元吉原来就没有参与举义反隋的谋议，又没有为天下立下功劳。他们嫉妒秦王功勋大，威望高，便一起策划邪恶的阴谋。现在，秦王已经讨伐并诛杀了他们，秦王的功绩布满天下，我国疆域以内的人们都诚心归向于他。如果陛下能够决定立他为太子，将国家政务交托给他，就不会再发生事端了。"高祖说："好！这也正是我平素的心愿啊。"当时，宿卫军和秦王府的兵马与东宫和齐王府的亲信交战还没有停止，尉迟敬德请求高祖颁布亲笔敕令，命令各军一律接受秦王的处置，高祖听从了他的建议。天策府司马宇文士及由东上阁门出来宣布敕令，大家便安定下来。高祖又让黄门侍郎裴矩前往东宫开导各个将士，将士们便都弃职散开。于是，高祖传召李世民前来，抚慰他说："近些日子以来，我几乎出现了曾母误听曾参杀人而丢开织具逃走的疑惑。"李世民跪了下来，伏在高祖的胸前，长时间地放声痛哭。

魏征进谏（卷一百九十二◎唐纪八）

【原文】

唐太宗贞观元年（丁亥，公元627年）

壬申，上谓太子少师萧瑀曰："朕少好弓矢，得良弓十数，自谓无以加，近以示弓工，乃曰'皆非良材'。朕问其故，工曰：'木心不直，则脉理皆邪，弓虽劲而发矢不直。'朕始寤向者辨之未精也。朕以弓矢定四方，识之犹未能尽，况天下之务，其能遍知乎！"乃命京官五品以上更宿中书内省，数延见，问以民间疾苦，政事得失。

唐太宗李世民

秋，七月，壬子，以吏部尚书长孙无忌为右仆射。无忌与上为布衣交，加以外戚，有佐命功，上委以腹心，其礼遇群臣莫及，欲用为宰相者数矣。文德皇后固请曰："妾备位椒房，家之贵宠极矣，诚不愿兄弟复执国政。吕、霍、上官，可为切骨之戒，幸陛下矜察！"上不听，卒用之。

【译文】

唐太宗贞观元年（丁亥，公元627年）

壬申（闰三月二十日），太宗对太子少师萧瑀说："朕

长孙无忌

年轻时喜好弓箭，曾得到十几张好弓，自认为没有能超过它们的，最近拿给做弓箭的弓匠看，他说：‘都不是好材料。’朕问他原因，弓匠说：‘弓子木料的中心部分不直，所以脉纹也都是斜的，弓力虽强劲但箭发出去不走直线。’朕这才醒悟以前对弓箭的性能分辨不清。朕以弓箭平定天下，而对弓箭的性能还没有能完全认识清楚，何况对于天下的事务，又怎么能遍知其理呢！”于是下令在京五品以上官员，轮流在中书内省值夜班，太宗多次接见他们，询问民间百姓疾苦和政治得失。

秋季，七月壬子（初二），任命吏部尚书长孙无忌为尚书右仆射。长孙无忌与太宗早年为布衣之交，加上皇后兄长的外戚身份，又有辅佐太宗即位的大功，太宗视为心腹，对他的礼遇无人堪比，几次想重用他为宰相。文德皇后固执地请求说：“妾身为皇后，家族的尊贵荣耀已达到顶点，实在不愿意妾的兄弟再去执掌国政。汉代的吕、霍、上官三家外戚的事情都是痛彻骨髓的前车之鉴，望陛下体恤明察！”太宗不听，最后还是予以重用。

【原文】

或告右丞魏征私其亲戚，上使御史大夫温彦博按之，无状。彦博言于上曰：“征不存形迹，远避嫌疑，心虽无私，亦有可责。”上令彦博让征，且曰：“自今宜存形迹。”他日，征入见，言于上曰：“臣闻君臣同体，宜相与尽诚；若上下俱存形迹，则国之兴丧尚未可知，臣不敢奉诏。”上瞿然曰：“吾已悔之。”征再拜曰：“臣幸得奉事陛下，愿使臣为良臣，勿为忠臣。”上曰：“忠、良有以异乎？”对曰：“稷、契、皋陶，君臣协心，俱享尊荣，所谓良臣。龙逄、比干，面折廷争，身诛国亡，所谓忠臣。”上悦，赐绢五百匹。

【译文】

有人告发右丞魏征偏袒他的亲属，太宗派御史大夫温彦博查问，没有实据。温彦博对太宗说：“魏征不做任何表示，已远远地避开嫌疑，内心虽然无私，但也有应责备的地方。”太宗让温彦博去数落魏征，而且说道：“从今以后，应有所表

魏征

示。”有一天，魏征上朝，对太宗说：“我听说君主与臣下一体，应彼此竭诚相待；如果上下都要求有所表示，那么国家的兴亡就难以预料了，臣不敢接受这个诏令。”太宗吃惊地说：“我已经后悔了。”魏征拜了两拜道：“臣很荣幸能为陛下做事，愿陛下让臣做良臣，不要让臣做忠臣。”太宗问：“忠、良有什么区别吗？”回答道：“后稷、契、皋陶，君臣齐心合力，共享荣耀，这就是所说的良臣。龙逢、比干，犯颜直谏，身死国亡，这就是所说的忠臣。”太宗听后十分高兴，赐给魏征绢五百匹。

房谋杜断（卷一百九十三◎唐纪九）

【原文】

唐太宗贞观三年（己丑，公元629年）

丁巳，上谓房玄龄、杜如晦曰：“公为仆射，当广求贤人，随才授任，此宰相之职也。比闻听受辞讼，日不暇给，安能助朕求贤乎！”因敕“尚书细务属左右丞，唯大事应奏者，乃关仆射。”

玄龄明达政事，辅以文学，夙夜尽心，惟恐一物失所；用法宽平，闻人有善，若己有之，不以求备取人，不以己长格物。与杜如晦引拔士类，常如不及。至于台阁规模，皆二人所定。上每与玄龄谋事，必曰：“非如晦不能决。”及如晦至，卒用玄龄之策。盖玄龄善谋，如晦能断故也。二人深相得，同心徇国，故唐世称贤相者，推房、杜焉。玄龄虽蒙宠待，或以事被谴，辄累日诣朝堂，稽颡请罪，恐惧若无所容。

房玄龄

【译文】

唐太宗贞观三年（己丑，公元629年）

丁巳（三月十六日），太宗对房玄龄、杜如晦说：“你们身为仆射，应当广求天下贤才，因才授官，这是宰相的职责。近来听说你们受理辞讼案情，日不暇接，怎么能帮助朕求得贤才呢？”因此下令：“尚书省琐细事务归尚书左右丞掌管，只有应当奏明的大事，才由左右仆射处理。”

杜如晦

房玄龄通晓政务，又有文采，昼夜操劳，唯恐偶有差池；运用法令宽和平正，听到别人的长处，便如同自己所有，待人不求全责备，不以己之所长要求别人，与杜如晦一起提拔后进，不遗余力。至于尚书省的制度程式，均系二人所定。太宗每次与房玄龄谋划政事，一定要说：“非杜如晦不能敲定。”等到杜如晦来，最后还是采用房玄龄的建议。这是因为房玄龄善于谋略，杜如晦长于决断。二人深相投合，同心为国出力，所以唐朝称为贤相者，首推房、杜二人。房玄龄虽然多蒙太宗宠爱，有时因某事受谴责，总是一连数日到朝堂内，磕头请罪，恐惧得好像无地自容。

文成入蕃（卷一百九十六◎唐纪十二）

【原文】

唐太宗贞观十五年（辛丑，公元641年）

春，正月，甲戌，以吐蕃禄东赞为右卫大将军。上嘉禄东赞善应对，以琅邪公主外孙段氏妻之。辞曰：“臣国中自有妇，父母所聘，不可弃也。且赞普未得谒公主，陪臣何敢先娶！”上益贤之，然欲抚以厚恩，竟不从其志。

丁丑，命礼部尚书江夏王道宗持节送文成公主于吐蕃。赞普大喜，见道宗，尽子婿礼，慕中国衣服、仪卫之美，为公主别筑城郭宫室而处之，自服纨绮以见公主。其国人皆以赭涂面，公主恶之，赞普下令禁之；亦渐革其猜暴之性，遣子弟入国学，受《诗》《书》。

【译文】

唐太宗贞观十五年（辛丑，公元641年）

春季，正月，甲戌（十二日），唐朝廷任命吐蕃禄东赞为右卫大将军。太宗嘉许禄东赞善于应对，欲将琅邪公主的外孙女段氏嫁给他为妻，禄东赞推辞说：“臣在本国中自有妻子，是父母为我聘娶的，不能够抛弃。而且我们的赞普首领还未曾迎娶公主，陪臣我怎么敢先娶！”太宗更加赞赏他，然而想要以厚礼隆恩加以抚慰，他最后还是没有从命。

丁丑（十五日），太宗令礼部尚书、江夏王李道宗持旌节护送文成公主到吐蕃。吐蕃赞普非常高兴，见到李道宗，完全按婿礼行事，羡慕唐朝的服装和仪仗之美，将公主安置在特意营筑的城郭宫室之内，自己穿戴着精美的丝绸服装与公主见面。吐蕃人的脸上都涂着红褐色，公主感到厌恶，赞普便下令禁止涂面；并且逐渐改变其猜忌粗暴的本性，派遣本族子弟到长安国子学，学习《诗经》《尚书》等典籍。

武氏专权（卷二百零四◎唐纪二十）

【原文】

则天皇后天授元年（庚寅，公元690年）

太后欲以太平公主妻其伯父士让之孙攸暨，攸暨时为右卫中郎将，太后潜使人杀其妻而妻之。公主方额广颐，多权略，太后以为类己，宠爱特厚，常与密议天下事。旧制，食邑，诸王不过千户，公主不过三百五十户；太平食邑独累加至三千户。

【译文】

则天皇后天授元年（庚寅，公元690年）

太后想将女儿太平公主嫁给她伯父武士让的孙子武攸暨。武攸暨当时任右卫中郎将，太后秘密指使人杀死他的妻子后将女儿嫁给他。太平公主方额大腮，多权变谋略，太后以为同自己相像，因此特别宠爱她，常同她秘密商议天下大事。按旧制规定，朝廷赐给封户，诸王不能超过一千户，公主不能超过三百五十户；唯独太平公主却连续追加至三千户。

【原文】

九月，丙子，侍御史汲人傅游艺帅关中百姓九百余人诣阙上表，请改国号曰周，赐皇帝姓武氏。太后不许，擢游艺为给事中。于是百官及帝室宗戚、远近百姓、四夷酋长、沙门、道士合六万余人，俱上表如游艺所请，皇帝亦上表自请赐姓武氏。戊寅，群臣上言："有凤皇自明堂飞入上阳宫，还集左台梧桐之上，久之，飞东南去；及赤雀数万集朝堂。"

庚辰，太后可皇帝及群臣之请。壬午，御则天楼，赦天下，以唐为周，改元。乙酉，上尊号曰圣神皇帝，以皇帝为皇嗣，赐姓武氏；以皇太子为皇孙。

【译文】

九月丙子（初三），侍御史汲县人傅游艺率领关中百姓九百余人到皇宫前上奏表，请求改国号为周，赐皇帝姓武氏。太后没有允许，但提升傅游艺任给事中。于是百官以及皇室的同宗亲属、远近百姓、四夷的酋长、和尚、道士共六万余人，都上表提出同傅游艺一样的请求，皇帝也上表自己请求赐姓武氏。戊寅（初五），群臣进言："有凤凰从明堂飞入上阳宫，又飞回停在左台的梧桐树上，过了很久，才向东南飞去；还有赤雀数万只飞集朝堂。"

庚辰（初七），太后同意皇帝及群臣的请求。壬午（初九），太后上则天门城楼，宣布大赦天下，改唐为周，更改年号。乙酉（十二日），皇上尊号称圣神皇帝，以皇帝为皇位继承人，赐姓武氏；以皇太子为皇孙。

二相治国（卷二百一十一◎唐纪二十七）

【原文】

唐玄宗开元三年（乙卯，公元715年）

春，正月，癸卯，以卢怀慎检校吏部尚书兼黄门监。怀慎清谨俭素，不营资产，虽贵为卿相，所得俸赐，随散亲旧。妻子不免饥寒，所居不蔽风雨。

姚崇尝有子丧，谒告十余日，政事委积。怀慎不能决，惶恐，入谢于上。上曰："朕以天下事委姚崇，以卿坐镇雅俗耳。"崇既出，须臾，裁决俱尽，颇有得色，顾谓紫微舍人齐澣曰："余为相，可比何人？"澣未对。崇曰："何如管、晏？"澣曰："管、晏之法虽不能施于后，犹能没身。公所为法，随复更之，似不及也。"崇曰："然则竟如何？"澣曰："公可谓救时之相耳。"崇喜，投笔曰："救时之相，岂易得乎！"

怀慎与崇同为相，自以才不及崇，每事推之，时人谓之"伴食宰相"。

【译文】

唐玄宗开元三年（乙卯，公元715年）

春季，正月，癸卯（二十日），唐玄宗任命卢怀慎为检校吏部尚书兼黄门监。卢怀慎为官清廉谨慎，生活节俭朴素，从不谋求资财产业。虽然做了卿相的高官，但常将

姚崇

得到的俸禄和赏赐随手周济亲朋故旧。因而他自己的妻子、儿女的生活不能免于饥寒，他所住的房子也因长期失修而难以遮风挡雨。

姚崇曾有一次为儿子办丧事请了十几天的假，从而使得应当处理的政务堆积成山，卢怀慎无法决断，感到十分惶恐，入朝向玄宗谢罪。唐玄宗对他说："朕把天下之事委托给姚崇，只是想让您安坐而对雅士俗人起镇抚作用罢了。"姚崇假满复出之后，只用了一会儿功夫便将未决之事处理完毕，不禁面有得意之色，回头对紫微舍人齐澣道："我做宰相，可以与历史上哪些宰相相比？"齐澣没有回答。姚崇继续问道："我与管仲、晏婴相比，谁更好些？"齐澣回答说："管仲、晏婴所奉行的法度虽然未能传之后世，起码也做到终身实施。您所制定的法度则随时更改，似乎比不上他们。"姚崇又问道："那么到底我是什么样的宰相呢？"齐澣回答说："您可以说是一位救时之相。"姚崇听后十分高兴，将手中的笔扔在桌案上说："一位救时宰相，也是不容易找到的呀！"

卢怀慎与姚崇同时担任宰相，自认为才能不及姚崇，所以每遇到一件事，都要请姚崇处理，当时的人将他称为"伴食宰相"。

贵妃宠恃（卷二百一十五◎唐纪三十一）

【原文】

唐玄宗天宝四年（乙酉，公元745年）

八月，壬寅，册杨太真为贵妃。赠其父玄琰兵部尚书，以其叔父玄珪为光禄卿，从兄铦为殿中少监，锜为驸马都尉。癸卯，册武惠妃女为太华公主，命锜尚之。及贵妃三姊，皆赐第京师，宠贵赫然。

【译文】

唐玄宗天宝四年（乙酉，公元745年）

八月壬寅（十七日）玄宗册封杨太真为贵妃。追赠其父亲杨玄琰为兵部尚书，任命其叔父杨玄珪为光禄卿，堂兄杨铦为殿中少监，杨锜为驸马都尉。癸卯（十八日），册封武惠妃的女儿为太华公主，并命杨锜娶其为妻。杨贵妃的三个姐姐，都在京师赐给宅第，宠贵无比。

杨贵妃

【原文】

唐玄宗天宝五年（丙戌，公元746年）

杨贵妃方有宠，每乘马则高力士执辔授鞭，织绣之工专供贵妃院者七百人，中外争献器服珍玩。岭南经略使张九章，广陵长史王翼，以所献精美，九章加三品，翼入为户部侍郎；天下从风而靡。民间歌之曰：“生男勿喜女勿悲，君今看女作门楣。”妃欲得生荔支，岁命岭南驰驿致之，比至长安，色味不变。

至是，妃以妒悍不逊，上怒，命送归兄铦之第。是日，上不怿，比日中，犹未食。左右动不称旨，横被棰挞。高力士欲尝上意，请悉载院中储偫送贵妃，凡百余车；上自分御膳以赐之。及夜，力士伏奏请迎贵妃归院，遂开禁门而入。自是恩遇愈隆，后宫莫得进矣。

【译文】

唐玄宗天宝五年（丙戌，公元746年）

杨贵妃正受到玄宗的宠爱，每次骑马时，高力士都为她执鞭牵马，专门为杨贵妃织锦绣衣服的工匠多达七百人，朝野内外都争着进献器物、衣服、珍宝。岭南经略使张九章与广陵长史王翼，因为所进献的物品精美

唐玄宗

而被加官，张九章加为三品官，王翼入朝为户部侍郎。天下的官吏都纷纷效仿。因此民间歌唱道："生男勿喜女勿悲，君今看女作门楣。"杨贵妃喜欢吃新鲜荔枝，玄宗就命令岭南每年都用驿马飞驰送来，到了长安，色味仍然不变。

唐玄宗与杨贵妃

这时，杨贵妃因为嫉妒、泼悍、无礼，激怒了玄宗，所以就下令把贵妃送回她哥哥杨铦的家里。这一天，玄宗闷闷不乐，到了中午，还没有吃饭。左右人的行动都不满他的意，被粗暴鞭打。高力士想要试玄宗的意，就请把贵妃院中储备待用的器物送给贵妃，总共装了一百多车；玄宗又把自己吃的食物分赐给贵妃。到了晚上，高力士又跪下奏请接回贵妃，于是打开禁门让贵妃入宫。从此杨贵妃愈发受到宠爱，后宫其他人都受到冷落。

黄巢兵败（卷二百五十六◎唐纪七十二）

【原文】

唐僖宗中和四年（甲辰，公元884年）

甲辰，武宁将李师悦与尚让追黄巢至瑕丘，败之。巢众殆尽，走至狼虎谷，丙午，巢甥林言斩巢兄弟妻子首，将诣时溥，遇沙陀博野军，夺之，并斩言首以献于溥。

【译文】

唐僖宗中和四年（甲辰，公元884年）

甲辰（六月十五日），武宁将军李师悦与尚让追击黄巢到瑕丘，打败黄巢。黄巢的人马所剩无几，逃到泰山东南狼虎谷。十七日，黄巢的外甥林言斩下黄巢及其兄弟、妻子头颅，正要送到时溥那里，遇上了沙陀人博野军，将头颅夺去，并砍下林言的脑袋，一同献给了时溥。

五代十国

梁晋之争（卷二百七十一◎后梁纪六）

【原文】

后梁均王贞明五年（己卯，公元919年）

晋王如魏州，发徒数万，广德胜北城，日与梁人争，大小百余战，互有胜负。左射军使石敬瑭与梁人战于河壖，梁人击敬瑭，断其马甲，横冲兵马使刘知远以所乘马授之，自乘断甲者徐行为殿。梁人疑有伏，不敢迫，俱得免。敬瑭以是亲爱之。敬瑭、知远，其先皆沙陀人。敬瑭，李嗣源之婿也。

【译文】

后梁均王贞明五年（己卯，公元919年）

晋王到魏州，派数万名士卒扩建德胜北城，每天都和后梁争战，大小战斗百余次，互有胜负。左射军使石敬瑭和后梁军在黄河边上交战，后梁军攻打石敬瑭，击断了石敬瑭战马的铠甲，横冲兵马使刘知远把自己的乘马给了石敬瑭，自己骑着断了甲的马在军队的后面慢慢走。后梁军怀疑晋军有伏兵，不敢靠近，因此他们都幸免于难。因此，石敬瑭更加亲近喜爱刘知远。石敬瑭、刘知远的先人都是沙陀人。石敬瑭是李嗣源的女婿。

【原文】

梁太祖朱全忠

梁筑垒贮粮于潘张，距杨村五十里。十二月，晋王自将骑兵自河南岸西上，邀其饷者，俘获而还。梁人伏兵于要路，晋兵大败。晋王以数骑走，梁数百骑围之，李绍荣识其旗，单骑奋击救之，仅免。戊戌，晋王复与王瓒战于河南，瓒先胜，获晋将石君立等；既而大败，乘小舟渡河，走保北城，失亡万计。帝闻石君立勇，欲将之，系于狱而厚饷之，使人诱之。君立曰：“我晋之败将，而为用于梁，虽竭诚效死，谁则信之！人各有君，何忍反为仇雠用哉！”帝犹惜之，尽杀所获晋将，独置君立。晋王乘胜遂拔濮阳。帝召王瓒还，以天平节度使戴思远代为北面招讨使，屯河上以拒晋人。

【译文】

后梁军在潘张修筑营垒，储蓄粮食，潘张离杨村五十里。十二月，晋王率领骑兵从黄河南岸向西行进，阻截后梁军的送粮人，俘虏了送粮人而返。后梁在要害路段埋伏了士兵，晋军大败。晋王领着几个骑兵逃走，后梁军用几百骑兵包围了他们。晋将李绍荣认出是自己军队的旗帜，就一个人骑马去奋力解救晋王，仅使晋王免于一死。戊戌（初五），晋王又和王瓒在黄河南岸交战，王瓒先取得胜利，俘获了晋将石君立等。过了一阵，王瓒的军队被晋军打败，王瓒乘小船渡过黄河，跑回北城坚守。这次战败，有一万多士卒逃跑或被杀。后梁帝听说石君立非常勇敢，打算让他做自己的将领，把他关在监狱里，给他丰厚的待遇，并派人去劝诱他。石君立说：“我是晋军的败将，如果在梁国被起用，虽竭诚效死，有谁能相信我呢？每个人都有自己的君主，怎么能忍心被仇人所用呢？”梁王还是很爱惜他，把俘获的其他晋将全部杀掉，只留下了石君立。晋王乘胜前进，一举攻下了濮阳。后梁帝把王瓒召回，任命天平节度使戴思远代理北面招讨使，驻扎在黄河抵御晋军。

五代时期武士

后唐当立（卷二百七十二◎后唐纪一）

【原文】

后唐庄宗同光元年（癸未，公元923年）

时契丹屡入寇，钞掠馈运，幽州食不支半年。卫州为梁所取，潞州内叛，人情岌岌，以为梁未可取，帝患之。会郓州将卢顺密来奔。先是，梁天平节度使戴思远屯杨村，留顺密与巡检使刘遂严、都指挥使燕颙守郓州。顺密言于帝曰："郓州守兵不满千人，遂严、颙皆失众心，可袭取也。"郭崇韬等皆以为："悬军远袭，万一不利，虚弃数千人，顺密不可从。"帝密召李嗣源于帐中谋之曰："梁人志在吞泽潞，不备东方，若得东平，则溃其心腹。东平果可取乎？"嗣源自胡柳有渡河之惭，常欲立奇功以补过，对曰："今用兵岁久，生民疲弊，苟非出奇取胜，大功何由可成！臣愿独当此役，必有以报。"帝悦。壬寅，遣嗣源将所部精兵五千自德胜趣郓州。比及杨刘，日已暮，阴雨道黑，将士皆不欲进。高行周曰："此天赞我也，彼必无备。"夜，渡河至城下，郓人不知，李从珂先登，杀守卒，启关纳外兵，进攻牙城，城中大扰。癸卯旦，嗣源兵尽入，遂拔牙城。刘遂严、燕颙奔大梁。嗣源禁焚掠，抚吏民，执知州事节度副使崔筜、判官赵凤送兴唐。帝大喜曰："总管真奇才，吾事集矣。"即以嗣源为天平节度使。

【译文】

后唐庄宗同光元年（癸未，公元923年）

后唐货币“乾封泉宝”

这时契丹人经常入侵后唐，夺其粮食，幽州的粮食不够半年用，卫州被后梁夺取，潞州内部也发生叛乱，人们都感到危机，认为不能消灭后梁，后唐帝也为此担忧。正好后梁郓州将领卢顺密来降。此前，后梁天平节度使戴思远驻扎在杨村，留下卢顺密和巡检使刘遂严、都指挥使燕颙驻守郓州。卢顺密跟后唐帝说：“驻守郓州的士兵不足一千，刘遂严和燕颙都失了民心，可以攻郓州。”郭崇韬等都认为：“孤军远征，万一不利，白白丢掉数千人，卢顺密的话不可信。”后唐帝秘密召见李嗣源，在帷帐中谋划说：“梁人的计划是吞并泽州、潞州，东边无防备，如果能取得东平，就击溃了后梁心腹之地。东平可夺吗？”李嗣源自从在胡柳战役中因为没有跟从晋王率兵北渡黄河，一直感到惭愧，经常打算建立奇功来弥补过错，于是他回答后唐帝说：“现在打了多年仗，百姓们都很疲惫，如果不出奇制胜，怎能成就大功！臣希望自己挑起此战重担，一定会有好消息报告陛下。”后唐帝很高兴。壬寅（闰四月二十八日），后唐帝派李嗣源率领他的五千精锐从德胜直取郓州。

泥塑辽太祖耶律阿保机

到达杨刘时，太阳已经落山，阴雨绵绵，道路漆黑，将士们都不想继续前进了。高行周说："天助我也，他们一定毫无准备。"黑夜，渡过黄河到了城下，郓州人根本不知道，李从珂首先登上城门，杀死守城门的士卒，打开城门让队伍进去，接着进攻牙城，城中大乱。癸卯（二十九日）早晨，李嗣源的部队全部进城，攻下牙城。刘遂严、燕颙逃奔到大梁。李嗣源禁止士卒在城内烧抢，安抚百姓，只把知州事节度副使崔筜、判官赵凤押送到兴唐。后唐帝十分高兴地说："总管你真是奇才，我们成功了。"马上任命李嗣源为天平节度使。

石郎造反（卷二百八十◎后晋纪一）

【原文】

后晋高祖天福元年（丙申，公元936年）

（九月辛丑）是夕，敬瑭出北门，见契丹主。契丹主执敬瑭手，恨相见之晚。敬瑭问曰："皇帝远来，士马疲倦，遽与唐战而大胜，何也？"契丹主曰："始吾自北来，谓唐必断雁门诸路，伏兵险要，则吾不可得进矣。使人侦视，皆无之。吾是以长驱深入，知大事必济也。兵既相接，我气方锐，彼气方沮，若不乘此急击之，旷日持久，则胜负未可知矣。此吾所以亟战而胜，不可以劳逸常理论也。"敬瑭甚叹伏。

（五代）彩绘木塔

壬寅，敬瑭引兵会契丹围晋安寨，置营于晋安之南，长百余里，厚五十里，多设铃索吠犬，人跬步不能过。敬达等士卒犹五万人，马万匹，四顾无所之。甲辰，敬达遣使告败于唐，自是声问不复通。唐王大惧，遣彰圣都指挥使符彦饶将洛阳步骑兵屯河阳，诏天雄节度使兼中书令范延光将魏州兵二万由青山趣榆次，卢龙节度使、东北面招讨使兼中书令北平王赵德钧将幽州兵出契丹军后，耀州防御使潘环纠合西路戍兵，由晋、绛两乳岭出慈、隰，共救晋安寨。契丹主移帐于柳林，游骑过石会关，不见唐兵。

【译文】

（九月十五日）这天晚上，石敬瑭出北门，会见契丹主。契丹主握住石敬瑭的手，只恨相见之晚。石敬瑭问道：“皇帝远道而来，兵马疲倦，仓促之间同唐兵作战却取得大胜，这是什么原因？”契丹主说：“开始我从北面过来，以为唐兵必然要切断雁门的各条道路，埋伏兵众在险要之地，那样我就不能顺利前进了。我派人侦察，发现断路和伏险都没有。这样，我才得以长驱深入，知道大事必然成功了。兵马相接以后，我方气势正锐盛，彼方气势正沮丧，如果不趁此时急速攻击他，旷日持久，那谁胜谁负就不可预料了。这就是我之所以速战而胜的道理，不能用谁劳谁逸的通常道理来衡量了。”石敬瑭听了很是叹服。

壬寅（十六日），石敬瑭率领兵马会合契丹军包围了晋安寨，在晋安的南面设置营地，长一百多里，宽五十里，密布带铃索的吠犬，人们连半步也过不去。此时张敬达等的士兵尚有五万人，马有万匹，四面张望，不知往哪里去。甲辰（十八日），张敬达派出使者向后唐朝廷报告打了败仗，此后便没有再通音讯。后唐主极恐惧，派遣彰圣都指挥使符彦饶统领洛阳步兵、骑兵屯扎在河阳，后唐末帝下诏令天雄节度使兼中书令范延光统领魏州兵两万从邢州青山奔赴榆次，卢龙节度使、东北面招讨使兼中书令北平王赵德钧统领幽州兵从契丹军阵后出击，耀州防御使潘环纠合西路守戍的兵士从晋州、绛州间的两乳岭出兵向慈州、隰州共同营救晋安寨。契丹主把军帐移到柳林，流动的骑兵过了石会关，还没有遇到唐兵。

【原文】

丁未，唐主下诏亲征…… 辛亥，帝如怀州。

……

帝以晋安为忧，问策于群臣，吏部侍郎永清龙敏请立李赞华为契丹主，令天雄、卢龙二镇分兵送之，自幽州趣西楼，朝廷露檄言之，契丹主必有内顾之忧，然后选募军中精锐以击之，此亦解围之一策也。帝深以为然，而执政恐其无成，议竟不决。

帝忧沮形于神色，但日夕酣饮悲歌。群臣或劝其北行，则曰："卿勿言，石郎使我心胆堕地！"

【译文】

丁未（二十一日），后唐主下诏书，宣布亲征……辛亥（二十五日），末帝去怀州。

……

末帝忧虑晋安的军事形势，向群臣询问对策，吏部侍郎永清人龙敏建议立李赞华为契丹国主，命令天雄、卢龙二镇分兵送他归国，从幽州趋向西楼，朝廷透露檄文的内容，讲出这件事情，契丹主必有内顾不安的忧虑，然后选拔募集军中的精锐之兵去攻击他，这也是解围的一种办法。末帝认为这个意见很对，而执政诸人担心不能成功，议论之中竟然作不出决定。

末帝的忧愁表现在神色上，日日只是酣饮悲歌，群臣有人劝他北行，他说："你别谈这个，石郎已经使我的心胆掉落到地上了！"

北抗契丹（卷二百九十二◎后周纪三）

【原文】

后周太祖显德元年（甲寅，公元954年）

契丹数千骑屯忻、代之间，为北汉之援。庚辰，遣符彦卿等将步骑万余击之。彦卿入忻州，契丹退保忻口。

后周太祖郭威

符彦卿奏请益兵，癸巳，遣李筠、张永德将兵三千赴之。契丹游骑时至忻州城下，丙申，彦卿与诸将陈以待之。史彦超将二十骑为前锋，遇契丹，与战，李筠引兵继之，杀契丹二千人。彦超恃勇轻进，去大军浸远，众寡不敌，为契丹所杀，筠仅以身免，周兵死伤甚众。彦卿退保忻州，寻引兵还晋阳。

时大发兵夫，东自怀、孟，西及蒲、陕，以攻晋阳，不克。会久雨，士卒疲病，乃议引还。

【译文】

后周太祖显德元年（甲寅，公元954年）

契丹数千骑兵屯驻在忻州、代州之间，作为北汉的援军。庚辰（初七），后周派遣符彦卿等人率领步兵、骑兵一万多出击。符彦卿进入忻州，契丹军队后退保守忻口。

契丹武士

符彦卿上奏请求增加兵力，癸巳（二十日），后周派遣李筠、张永德领兵三千赶赴前线。契丹流动骑兵时常到达忻州城下，丙申（二十三日），符彦卿和众将列阵等待契丹军队。史彦超带领二十骑兵作为前锋，遇到契丹军队，进行战斗，李筠领兵增援，杀死契丹二千人。史彦超恃仗勇敢，轻易冒进，离开大部队越来越远，寡不敌众，被契丹军队杀死，李筠仅仅只身逃免，后周士兵死伤很多。符彦卿后退保守忻州，不久领兵返回晋阳。

当时大量征发军队民夫，东起怀州、孟州，西至蒲州、陕州，用以进攻晋阳，还是没有攻克。后遇上长时间下雨，士兵疲劳生病，于是商议退兵回还。

书目

049. 黄帝内经
050. 菜根谭
051. 围炉夜话
052. 小窗幽记
053. 挺经
054. 冰鉴
055. 楚辞经典
056. 汉赋经典
057. 唐诗
058. 宋词
059. 元曲
060. 豪放词
061. 婉约词
062. 李白·杜甫诗
063. 红楼梦诗词
064. 最美的诗
065. 最美的词
066. 文心雕龙
067. 天工开物
068. 梦溪笔谈
069. 山海经
070. 徐霞客游记
071. 古文观止
072. 唐宋八大家散文
073. 最美的散文(世界卷)
074. 最美的散文(中国卷)
075. 朱自清散文
076. 人间词话
077. 喻世明言
078. 警世通言
079. 醒世恒言
080. 初刻拍案惊奇
081. 二刻拍案惊奇
082. 笑林广记
083. 世说新语
084. 太平广记
085. 容斋随笔
086. 浮生六记
087. 牡丹亭
088. 西厢记
089. 四库全书
090. 中华句典
091. 说文解字
092. 姓氏
093. 茶道
094. 奇趣楹联
095. 中华书法
096. 中国建筑
097. 中国文化常识
098. 中国文明考古
099. 中国文化与自然遗产
100. 中国国家地理